DAS GROSSE

Bulli

ABENTEUER EUROPA

» Nur wer sein Ziel kennt, findet den Weg. «

Laotse

Peter Gebhard

DAS GROSSE *Bulli* ABENTEUER EUROPA

Von Lissabon über
die Alpen nach Lappland

FREDERKING & THALER

FAHRE
BREITENHAGEN

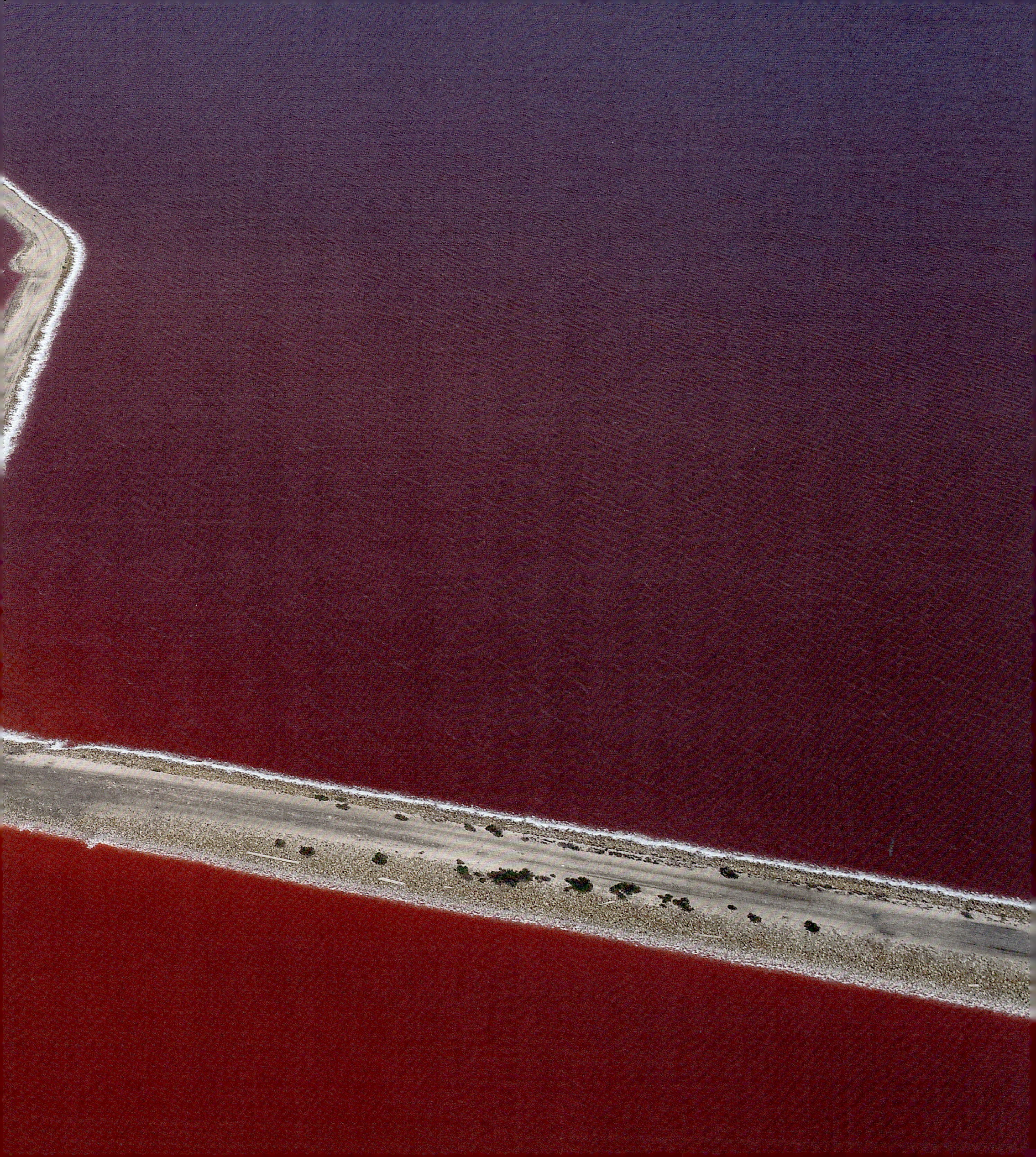

Nordkinn
NORWEGEN
Europäisches Nordmeer
NÖRDLICHER POLARKREIS
N
0
400 km
Ihari
Kittilä
Oulu
SCHWEDEN
FINNLAND
Jyväskylä
Helsinki
Tallinn
Narwa
ESTLAND
RUSSLAND
Riga
LETTLAND
Nordsee
Ostsee
LITAUEN
Kaunas
Usedom
Danzig
DEUTSCHLAND
Quedlinburg
Berlin
POLEN
Würzburg
FRANKREICH
Lindau
SCHWEIZ
ÖSTERREICH
La Coruña
Gijón
Mailand
Porto
Lourdes
Montpellier
Seborga
Burgos
PORTUGAL
ANDORRA
St. Tropez
Monsanto
Lissabon
SPANIEN
ITALIEN
Sagres
Mittelmeer

Inhalt

PB ON5H

28
562
Porta 6

Vorwort oder:

Warum ausgerechnet Lindau?

Zuerst 15 000 Kilometer von Istanbul quer durch Europa zum Nordkap, dann ein halbes Jahr auf Island – was für ein Bulli-Abenteuer sollte als drittes folgen? Ich wollte mit meinem geliebten Oldtimer »Erwin« unser Europa noch einmal auf einer zweiten großen Tour entdecken – die ganze Vielfalt an Landschaften, Menschen und Kulturen erfahren, allerdings auf einer ganz anderen Strecke als im Jahr 2015. Bald war eine neue spannende Route gefunden: Von Lissabon über die Pyrenäen, die Alpen, Berlin und St. Petersburg bis hoch an die Eismeerküste jenseits des Polarkreises.

Das neue Projekt sollte auch ein Wiedersehen mit Menschen an Orten aus früheren Reisen werden. 40 Jahre zuvor fuhr ich als langhaariger Teenager gemeinsam mit einem Freund und dessen altem 200er Mercedes-Benz zu den Hippie-Stränden im äußersten Südwesten Portugals. Nach St. Petersburg reiste ich mehrfach in den frühen 1990er-Jahren nach Abschluss meines Fotografie-Studiums, war wochenlang mit meiner russischen Dolmetscherin Lena in der Stadt unterwegs – eine wilde, spannende und unvergessene Zeit nach dem Zusammenbruch der Sowjetunion. In Lappland auf dem Dach Europas wollte ich die Sami-Rentierhalter besuchen, die ich ebenfalls Anfang der 1990er-Jahre zweimal bei ihrem großen Treck im Herbst und Frühjahr begleiten durfte.

Doch dann brach im März 2020 Corona mit voller Wucht in unseren Alltag ein. Der erste Lockdown im Frühjahr verhinderte den Start des neuen Projekts, danach durchkreuzten die mit der Pandemie verbundenen Reglements und Einschränkungen der Bewegungsfreiheit ständig meinen Reiseplan. Das große Projekt wurde zerstückelt. Was konnte ich tun? Ich musste ganz klein starten und die erste Etappe von hinten aufrollen!

Letzte Ausfahrt Bodensee

Als ursprünglich letzte Station vor unserer Rückkehr nach Deutschland hatte ich für Mitte Mai eine Reportage über Schweizer Biobauern mit dem Almauftrieb ihres Hornviehs vorrecherchiert. Zur Sicherheit schickten mir die Jungbauern aus dem Glarnerland eine offizielle schriftliche Einladung, denn ich hörte im Vorfeld von scharfen Kontrollen an der deutsch-österreichischen Grenze bei Lindau. Und tatsächlich: Ohne dieses Dokument hätten uns die Grenzer trotz meines charmanten T1-Bullis nicht passieren lassen. Kein Urlauber durfte in diesen Tagen in die beiden Alpenländer einreisen. Das plötzliche Ende der Reisefreiheit war ein ganz ungewohntes, beklemmendes Gefühl, das mich an längst vergangene Zeiten vor dem Mauerfall, die Reisen nach Westberlin und die damalige Situation der Menschen in Osteuropa erinnerte. Zu diesem Zeitpunkt ahnte ich noch nicht, was uns noch im Laufe der nächsten anderthalb Jahre an Hindernissen bevorstehen würde.

Als Erstes zuckelten wir mit Bulli »Erwin« von Bregenz über Serpentinen hoch auf den Pfänder, um die sanfte Schönheit der Bodensee-Region aus den Bergen zu bewundern und auf unseren erfolgreichen Reisebeginn anzustoßen.

Gesperrte Straße vor einem Corona-Quarantänegebiet in Südportugal
Nächtliche Ankunft vor dem bereits geschlossenen Fährterminal im Hafen von Tallinn, Estland ▷

Unter uns schnitt sich das Rheintal nach Süden hin tief in die Alpen hinein, auf der Schweizer Seite thronte der imposante Säntisgipfel darüber, ganz in der Ferne leuchtete der noch verschneite Alpenhauptkamm. Nach Westen erstreckte sich bis zum Horizont das Schwäbische Meer, dicht besprenkelt mit Dutzenden Segelbooten. Ich schaute noch einmal hinüber auf die Insel Lindau, auf der wir kurz vor dem Grenzübergang noch eine Rast einlegten. Die engen Gassen der historischen Altstadt und die von Palmen flankierte Hafenpromenade verströmten bereits einen Hauch von Süden, von Italien. Wer in dieser paradiesischen Region lebt, kann sich glücklich schätzen. Auch ich war glücklich. Hoch über dem Bodensee genoss ich in diesem Moment, dass nun das neue große Reiseabenteuer mit meinem T1 begonnen hatte, wenngleich an völlig anderer Stelle, als geplant. Aber wir waren endlich wieder unterwegs!

Unseren eigentlichen Startpunkt Lissabon erreichten wir erst ein ganzes Jahr später. Zwei Monate lang tuckerten wir von Portugals Algarve-Küste über die Pyrenäen und die Alpen nach Hause – ein grandioser, 8000 Kilometer langer Trip mit unzähligen wunderbaren Begegnungen. Natürlich tauchten auf all diesen Etappen immer wieder neue unerwartete Schwierigkeiten und Hürden auf: Wenige Meter vor einer Fähre erschlaffte das Kupplungsseil des Oldtimers, in den Seealpen ging uns auf 2000 Höhenmetern der neue Anlasser kaputt, an einem einsamen Pyrenäenpass war ohne Vorwarnung der Weg nach Frankreich versperrt. Aber jedes Mal ging es irgendwie weiter: Bei der Kupplung half mein Kontakt zu lettischen Käfer-Fans, den Anlasser konnten wir dank eines rumänischen Mechanikers in einem ligurischen Bergdorf gegen einen alten im Gepäck austauschen, an der spanisch-französischen Grenze gab uns ein baskischer Fotograf einen entscheidenden Tipp für die Weiterfahrt. All diese Erlebnisse waren nicht nur Ausdruck der Sympathie für meinen wunderbaren Oldtimer, sondern auch der an so vielen Orten spürbaren Begeisterung und Solidarität mit uns auf unserer großen Tour durch Europa!

Keine Einfahrt Russland

Dann im Herbst 2021 der Anlauf nach Russland. Mit Visum, Impfnachweis, PCR-Test und offizieller Einladung glaubten wir uns rundum gerüstet. Wir hatten jedoch eine Verordnung übersehen: Auf dem Landweg durften nur Russen einreisen! So sehr der gescheiterte Abstecher nach St. Petersburg schmerzte, so sehr wurde ich schließlich beim Finale im hohen Norden belohnt: Nach 27 Jahren kam ich wieder an die norwegische Eismeerküste. »Erwin« machte trotz der einen oder anderen kleineren Panne alles tapfer mit und Assistent Tobi erschütterte auch kaum etwas.

Als wir nach Tausenden Kilometern den Rentierkorral der Sami auf dem öden, windumtosten Felsplateau der Nordkinn-Halbinsel erreichten, fühlte ich mich wie auf einer Zeitreise. Im Gepäck hatte ich meinen alten Bildband über »Norwegens Norden« von 1994 dabei, in dem ich über meine ersten Begegnungen mit den Rentierhaltern berichtete. Einigen von ihnen schickte ich damals das Buch als Dankeschön zu, und nun gewannen wir damit das Vertrauen der Sami: Wenn nur einer aus der Gruppe etwas gegen unsere Anwesenheit gehabt hätte, hätten wir unverrichteter Dinge zurückfahren müssen. Aber stattdessen durften wir an ihrem Leben teilhaben, halfen beim Eintreiben der Herden, schliefen in einem Sami-Zelt auf Rentierfellen, spielten mit den Kids im leeren Pferch Fußball – so wie ich 27 Jahre zuvor.

Bei den Sami am nördlichsten Festlandspunkt Europas war unsere Reise nach fast unvorstellbaren 25 000 Kilometern zu Ende. Die Fragmentierung der Tour durch die ständig wechselnden Corona-Vorschriften hatte die Gesamtstrecke verdoppelt. Umso mehr empfinde ich tiefe Dankbarkeit für die große Schatzkiste voller Erlebnisse und Erfahrungen, die ich auf dieser großen Fahrt durch Europa mit nach Hause bringen durfte. In diesem Buch öffne ich meine neue Schatzkiste für Sie!

Herzlichst,
Peter Gebhard

PB ON5 H

MEO
ALFAMA MARKET
CALÇADA DE SÃO VICENTE
76
74
Castelo Market

Etappe 1
Von Lissabon an die Algarve

Portugal

Tief unten im Südwesten

Spät abends erreichen wir mit Bulli »Erwin« unser Quartier in Lissabon, eine kleine charmante Dachwohnung im Stadtteil Mouraria, die ich für eine Woche angemietet habe. Nach Mouraria verirren sich kaum Reisende, ganz im Gegensatz zum historischen Viertel Alfama: Der einstige Stadtkern aus der Zeit der Mauren wird seit einigen Jahren von Touristen geradezu überschwemmt. In normalen Zeiten bringen mehr als vier Millionen Besucher pro Jahr die Hafenstadt an den Rand des Kollapses, geben zugleich aber auch Tausenden Arbeit. Doch jetzt, während der Corona-Pandemie, ist Alfamas Labyrinth aus engen Gässchen und kleinen Plätzen leergefegt und still wie nie zuvor – ein großes Problem für all die vielen Menschen, die vom Tourismus leben, aber ein Glücksfall für mich als Fotografen. Während an den beliebten Aussichtspunkten die afrikanischen Straßenhändler vergeblich auf Kundschaft warten, kann ich zwei wunderbare Oldtimer ohne die Schwarmattacken von Rollern, Lieferwagen und Touristen-Tuk-Tuks fotografisch vereinen: meinen brasilianischen T1-Bulli »Erwin« und die historische Straßenbahn »Eléctrico«, deren Linie 28E sich durch Alfamas Gassen den Steilhang hochschlängelt. Auch ohne das übliche Verkehrschaos sind die unübersichtlichen Kurven, das kariöse Kopfsteinpflaster und die tiefen Schlaglöcher ein gutes Fahrtraining, aber nichts für schwache Nerven.

Durch das Altstadtviertel Alfama zieht sich ein Labyrinth von schmalen verwinkelten Gassen. Oft muss man sich das alterskrumme Kopfsteinpflaster noch mit der »Elétrico«, Lissabons historischer Straßenbahn, teilen.

Lissabon ist vor allem seit dem Sturz der Salazar-Diktatur 1974 und dem folgenden Ende der Kolonialherrschaft multikulturell geworden. Damals strömten innerhalb kürzester Zeit über 100 000 Menschen aus den unabhängig gewordenen Kolonien nach Portugal und ließen sich vor allem in der Hauptstadt nieder. Viele zogen nach Alfama, wo zu dieser Zeit fast nur noch ärmere Leute und die Fischer vom nahen Tejo wohnten – das Stadtzentrum und der Reichtum hatten sich im Lauf der Generationen nach Westen hinunter in die Baixa verlagert. Ab den 1990er-Jahren entdeckten jedoch Immobilienunternehmen Alfamas Charme und attraktive Lage, kauften nach und nach die heruntergekommenen Häuser auf, restaurierten sie und verkauften die Objekte an liquide Ausländer oder reiche Portugiesen weiter. In der Folge mussten die meisten Bewohner in die tristen Wohnghettos der Vorstädte ziehen, weil der Wohnraum im Zentrum für sie unbezahlbar wurde. So leben heute innerhalb der Stadtgrenzen statt einst 800 000 nur noch knapp über eine halbe Million Menschen, viele Häuser und Wohnungen stehen monatelang leer.

Kosmopolitisches Lissabon

Mouraria mit seinen unzähligen winzigen Läden und Restaurants hat die Gentrifizierung bislang noch nicht erfasst. Über den schmalen, steilen Gassen hängt die Wäsche auf gespannten Leinen, von den altersschwachen Häusern blättert der Putz, an vielen Wänden sind die gekachelten Azulejos längst stumpf und löchrig. Hier arbeiten und leben auch viele Chinesen, Inder, Nepaler und Pakistaner. Auf dem Weg hinunter ins Herz der Stadt, in die »Baixa«, lerne ich in einer Gasse Mohammed aus Lahore kennen, der hier vor acht Jahren eine Schneiderei eröffnet hat. Sein kleiner

DO SAL A REVOLTA E A ESPERANÇA

45 ANOS
25 DE ABRIL
SEMPRE!

Laden läuft, denn er beherrscht sein Handwerk. Seine Kundschaft ist bunt gemischt: Eben bedient er noch eine alte Dame aus der Nachbarschaft, fünf Minuten später betritt ein durchtrainierter Mann mit Rasta-Frisur den mit Stoffen bis zur Decke vollgepackten Laden. Zwischen Stoffbahnen und Nähmaschinen kommen wir ins Gespräch. José erzählt uns, dass er in seinem Heimatland Guinea-Bissau ein Rap-Star mit dem Künstlernamen As One 1820 sei. Zum Beweis präsentiert er uns ein Video auf seinem Handy, wie er im Stadion der Hauptstadt vor 20 000 kreischenden Fans performt. Jetzt will er sein eigenes Mode-Label kreieren und dabei soll ihn Mohammed unterstützen.

Hinter den Kulissen

Ein Stockwerk unter unserer Dachwohnung lebt die sympathische Deutsche Ariane. Sie hat es vor über 15 Jahren nach Lissabon gezogen und sie arbeitet in normalen Zeiten vor allem als professionelle Tour Guide. Ihr Sohn Luan stammt aus einer Liebesbeziehung mit einem Angolaner – ein smarter Teenager mit Lockenmähne, für den Fußball alles bedeutet. Sein Großvater spielte einst in der angolanischen Nationalmannschaft, nun will der talentierte Youngster in die Fußstapfen seines Opas treten. Das Riesentalent darf bereits bei Benfica Lissabon in der Jugend mittrainieren, natürlich verehrt er Eusebio und Cristiano Ronaldo, aber seine Traummannschaft ist Bayern München. Typisch Junge, ist Luan auch von »Erwin« völlig begeistert und so fahren wir ihn als Bulli-Taxi zu seinem abendlichen Training zum Stadion von Benfica an der nördlichen Peripherie.

Wegen ausbleibender Touristen besitzt auch Ariane mehr Zeit als sonst. So schlendern wir gemeinsam durch ihren Kiez, durch verwinkelte Gassen, essen köstlich zubereiteten Bacalhau in einem winzigen Restaurant »Ze Mouraria«, treffen befreundete Künstler, Barbesitzer und Musiker. Abends sehen wir hier allerdings auch die Schattenseiten der Großstadt: ein mit Crack vollgepumptes spindeldürres Mädchen, das uns um ein paar Euros für ihr Kleinkind anbettelt, seine einstige Schönheit in Spuren noch sichtbar; Dealer, die handgreiflich werden, weil sie nicht fotografiert werden wollen.

» Ein gutes Zuhause muss man sich machen, nicht kaufen. Am Ende sind es nicht die Fenster, die Licht in ein Haus bringen. «

Joyce Maynard

Geschichten aus Lissabon: Das Denkmal für die Salinenarbeiter in Alcochete und die Parade zum Revolutionstag von 1974 erinnern an politische Umbrüche in Portugal, in den Gassen des Viertels Mouraria erwartet Diogo vor dem veganen Restaurant »The Food Temple« die Gäste.

Auf zu neuen Ufern!

Geschichtsunterricht live am nächsten Tag: Es ist der 25. April, der Jahrestag der friedlichen Nelkenrevolution von 1974. Damals putschten mutige junge Offiziere gegen das verhasste Salazar-Regime, Europas älteste Diktatur wurde damit zu Fall gebracht. Auf Arianes Tipp gehen wir hinunter zur Avenida da Liberdade. Auf der »Allee der Freiheit« haben sich Tausende genau dort versammelt, wo damals im Morgengrauen die aufständischen Offiziere mit Armeefahrzeugen auf die strategisch wichtigen Ministerien zusteuerten. Wir treffen Veteranen in Uniform, Panzer rollen auf, Salutschüsse.

Nach dem 25. April 1974, dem Tag der Nelkenrevolution und wichtigsten Tag der jüngeren Geschichte Portugals, heißt auch die drei Kilometer lange Hängebrücke über den Tejo, die 1966 als

Salazar-Brücke eingeweiht wurde. Hier beginnt das große Meer, wo weit im Westen ein anderer Kontinent liegt und die Verheißungen des kolonialen Brasiliens Portugals Seefahrtgeschichte und Handel maßgeblich prägten. Wenige Kilometer westlich der Brücke symbolisiert der 500 Jahre alte trutzige Leuchtturm Torre de Belém wie kein anderes Bauwerk die Hochzeit der portugiesischen Seefahrernation.

An der Mündung des Tejo überragt die mit Sockel 110 Meter hohe Christus-Statue die »Brücke des 25. April«. Als Vorbild für die 1959 errichtete Statue fungierte der monumentale Cristo Redentor auf dem Corcovado über Rio de Janeiro.

DAFUNDO
LX-3150-TL

elgee

TR-1505-L
POLLY
TR-1505-L
POLLY

Wir lassen dieses Wahrzeichen rechts liegen, fahren über die dreispurige Stadtautobahn hoch auf die Tejo-Brücke, um uns dem unablässigen Pendlerstrom nach Süden anzuschließen. Um an das Südufer unterhalb der Brücke zu gelangen, schlängeln wir uns durch den alten Dorfkern der wuchernden Trabantenstadt Almada – ein Gewirr aus schmalen Gassen, zwei Baustellen und jeder Menge Einbahnstraßen. Nach über einer Stunde finden wir schließlich den Weg, der steil abschüssig an der großen ehemaligen Fischfabrik *Compania Portuguesa de Pescadores* am Ufer des Tejo endet. Was für ein Panorama! Im gleißenden Gegenlicht überspannt die mächtige Hängebrücke den breiten Fluss, zur Linken über uns ragt die gigantische Christus-Statue in den Himmel.

» *Glück ist ein guter Fluss des Lebens* «

Zenon von Kition

Fish and Drums

Am Bootanleger der alten Fischfabrik treffen wir auf Vítor, der zusammen mit Freunden gerade sein frisch repariertes Boot ins Hafenbecken setzt. Der Fischer aus dem Nachbarort Trafaia erlebte als Jugendlicher noch die letzten Jahre der 1920 gegründeten Compania, bis sie 1984 für immer ihre Pforten schloss. In ihrer Blütezeit standen mehr als 2000 Fischer und 30 Boote in ihrem Dienst. Auf dem ausgedehnten Fabrikgelände ist heute nur noch die ehemalige Kommandantur mit dem Hafenbecken intakt. Vítor hat hier einen Lagerraum restauriert, dort steht neben Fischernetzen und Werkzeug auch sein Schlagzeug-Set. Acht Jahre zuvor begann er als Autodidakt, jetzt rockt er hier zwei bis drei Mal pro Woche nach Feierabend mit seiner Grunge-Band aus fünf Gleichgesinnten.

Ein letzter wunderschöner Blick von hier zurück auf die Stadt: Unter einem wolkenlosen blauen Himmel schwingt sie sich vom Ufer in eleganten Wellen aus weißen Gebäuden die Hügel empor. Kein Wunder, dass Lissabon im Fado als sinnliche Frau besungen wird. Schon die Phönizier erkannten wohl die Wirkung dieses Ortes, als sie ihn vor mehr als 3000 Jahren gründeten und Alis Ubbo nannten – liebliche Bucht.

An der ehemaligen Fischfabrik bei Almada gegenüber von Lissabon lernen wir den Fischer Vítor kennen. Stolz präsentiert er uns das Foto vom Fang seines Lebens, einem 54 kg schweren mannshohen Adlerfisch. In den nahe gelegenen Ruinen einer früheren Weinabfüllanlage haben sich jahrelang Raver und Graffiti-Künstler getroffen.

Einige Kilometer südlich der Tejo-Brücke und der Christus-Statue fransen Lissabons Vorstädte in plattes, spärlich bewohntes Land aus. Nur das breite Asphaltband der portugiesischen A2 gibt die Richtung vor – erst gen Osten und schließlich nach Süden zur Küste der Algarve schwenkend. Wir haben die Straße fast für uns alleine, bis hinunter an die Algarve gibt es keine großen Städte. Der Alentejo, Portugals Kornkammer ist eine ländliche Region, im Sommer ausgebrannt von der Sonne, im Winter hofft man auf genügend Regen für die nächste Ernte. Bei Grandola biegen wir auf die alte Landstraße nach Süden ab, nähern uns der Atlantikküste.

In dieser Gegend entstanden einst auf den Gütern der Großgrundbesitzer die Lieder der Landarbeiter, darunter die Solidaritätshymne der Nelkenrevolution. Doch jetzt sehen wir gar keine Menschen – über Dutzende von Kilometern nur hügeliges leeres Hinterland mit verlassenen Gehöften inmitten von Heide, Ginster, Kieferwäldchen und einzelnen Korkeichen.

Ankunft im Städtchen Aljezur, das im 10. Jahrhundert von Mauren gegründet wurde und bereits zur Algarve gehört. *Al-Gharb,* der Westen, nannten die Mauren diesen Landstrich, den sie 500 Jahre lang bis zur portugiesischen Reconquista im 13. Jahrhundert besiedelten und kultivierten. Hier, wo ein Fluss in sanften Mäandern an ehemaligen Reisfeldern vorbei träge zu seiner Mündung an der Sandbucht der Praia da Amoreira dümpelt, kam ich im Januar 1981 mit meinem damaligen Reisekumpel und seinem 200er-Mercedes-Schiff an.

Im Hafen von Alcochete auf der anderen Seite der Tejo-Bucht landen viele Fischerboote an. Durch die Krise in der Corona-Zeit hat der illegale Muschelfang enorm zugenommen.

Die wilden 1980er-Jahre

Wir schliefen unter freiem Himmel in unseren Bundeswehr-Schlafsäcken, kochten auf einem kleinen Gaskocher, badeten nackt am menschenleeren Sandstrand, fühlten uns jung und frei. Nur ganz selten schlurften ein paar Fischer auf ihrem Weg zu den vorgelagerten Felsen an uns vorbei. Während die Algarve bereits boomte, war die wilde Westküste damals noch völlig unerschlossen. Später entstanden auch hier einige Feriensiedlungen, immerhin keine klobigen Hotelbunker an vorderster Strandfront, sondern halbwegs dezente weiß getünchte Chalet-Anlagen im Hinterland.

Statt mit Heckflossen-Mercedes rollen wir nun mit meinem Kult-Bus auf die Anhöhe oberhalb der Flussmündung. Nein, irgendwie erkenne ich die in meiner Erinnerung so romantische Bucht nicht wieder, obwohl sich die Küste nach Norden hin noch immer genauso wild zerklüftet und unverbaut präsentiert. Aber dann weht eine Brise vom Strand über die kargen Hänge zu uns hoch – ein einzigartiger Gewürzduft aus Salzluft vermischt mit Thymian, Rosmarin, Wacholder und fast süßlichen Kräutern. Für einen Augenblick fühle ich mich in das Jahr 1981 zurückversetzt!

Carrapateira liegt 20 Kilometer südlich. Das Dorf mit seiner Handvoll weiß getünchter Häuser war ein verschlafenes Fischernest, bis in den 1970er-Jahren ein paar Hippies hier ihr Aussteiger-Refugium fanden. Viele von ihnen lebten in Höhlen am Strand, experimentierten mit freier Liebe und Drogen. Als sie merkten, dass ihr Traum nicht ewig anhält, verschwanden die meisten nach ein paar Jahren wieder. Ein Jahrzehnt später entdeckten Surfer die fantastischen Brandungswellen des Atlantiks für ihren Sport. Aber auch viele der muskelgestählten Beach Boys besaßen ein Faible für Drogen und so entwickelte sich Carrapateira im Lauf der Jahre zu einem Hotspot in mehrfacher Hinsicht.

Es ist noch früh am Tag, als wir auf den schmalen Fahrweg zur vorgelagerten Halbinsel abbiegen. Die ersten Sonnenstrahlen erleuchten bereits das Dorf, doch zwei Kilometer weiter westlich

ziehen noch dichte Nebelschwaden über den Dünengürtel vor der Küste. Klamme Kälte empfängt uns auf dem höchsten Punkt der Halbinsel. Das soll der sonnige Süden sein? Für eine ganze Weile fühlt es sich eher nach nördlichen Breiten, nach Amrum oder Sylt im Frühjahr an. Aber als vor uns die tosende Atlantikbrandung gegen die Sandsteinklippen donnert, ist das Friesland-Feeling schnell verflogen. Kurz bevor sich der Küstenschleier lichtet und der Blick auf die kilometerlangen Surferstrände frei wird, stoßen wir auf den *Trilho dos Pescadores*. Der »Fischerpfad« ist Teil der Rota Vicentina, eines 500 Kilometer langen Netzes aus Wanderwegen entlang der Südwestküste Portugals.

Hot Spots tief im Süden

Es ist Anfang Mai, doch es herrscht gähnende Leere an den ansonsten belebten Sandstränden – Fluch und Segen der Pandemie-Zeit. Wir genießen das Privileg, an diesem grandiosen Aussichtspunkt an einer Wendeschleife oberhalb der kilometerlangen Praia da Bordeira für Stunden alleine zu sein. Alles ist kraftvoll um uns herum: das rollende, peitschende Meer, der stete Wind aus Nordwest, das gleißende Mittagslicht des Südens.

Plötzlich nähert sich ein Opel Corsa der Wendeschleife. Für einen Moment traue ich meinen Augen nicht: Das etwas klapprig wirkende Gefährt besitzt ein Bielefelder Kennzeichen, sein Fahrer sieht mit Bart, Sonnenbrille und langen Dreadlocks wie eine Mischung aus in die Jahre gekommenem Jesus und muskulösem Baywatch-Surfer aus. Durch das kaputte Seitenfenster linsen mich fünf Hunde unterschiedlichster Rasse und Größe an. Das Erstaunen ist gegenseitig – einen T1-Bulli aus Paderborn hat er hier in der Gegend zuvor auch noch nie gesehen.

So lernen wir Tolga kennen, der seit acht Jahren zusammen mit seiner zweiten Frau hier im äußersten Südwesten Portugals lebt. Wir verabreden uns für den nächsten Morgen in der Dorfbar. Dort erleben wir einen bunten Sprachenmix, treffen Brian aus Manchester, die beiden älteren italienischen Surflehrer Giacomo und Fiorenzo sowie Evi und ihren Mann, ergraute Öko-Freaks aus der schwäbischen Provinz mit ihrem umgebauten Ford Transit Bus. Hinter vorgehaltener Hand hören wir an der Bar noch ganz andere Geschichten. Über Jahrhunderte musste sich die hiesige Küste vor maghrebinischen Piraten und ihren Raubzügen schützen, heute beliefern Boote aus Afrika die Costa Vicentina mit Drogen. Seitdem die Algarve von der Küstenpolizei besser kontrolliert wird, verlagerte sich der Handel hierher an die einsame Westküste. Nachts kommt die Ware mit Fischerbooten aus Marokko, hier in Carrapateira streiten die zwei Familienclans Cabrita und Gonzalez um die Vorherrschaft im lukrativen Drogengeschäft. Vor über 20 Jahren wurde ein Sohn des Cabrita-Clans erschossen, vor kurzem passierte der Sühnemord. Auch Tolga fand eines Morgens mehrere Pakete mit Kokain angeschwemmt an der Flutlinie im Sand. Als die Drogenhändler auftauchten, versicherte er ihnen, dass er nur zum Surfen unterwegs sei und keine Ahnung vom Inhalt der Pakete habe …

Tolgas Lebensgeschichte ist ungewöhnlich: Aufgewachsen bei den Großeltern in Istanbul, kam er erst als Teenager zu seinen Eltern nach Hannover. Er studierte ein paar Semester BWL, wurde Fitnesstrainer und Personal Coach für Führungskräfte, nebenher vermittelt ihn eine Model-Agentur für Werbespots. Tolgas Droge ist ein ausgeklügeltes Fitnessprogramm kombiniert mit einer gesunden fleischlosen Ernährung.

Freiheit an der Kante

Zwei Tage später holpern wir mit »Erwin«, Tolga und seinen fünf Streunern über schlaglochübersäte Feldwege zu den abgelegenen Surfer-Traumstränden zwischen Carrapateira und Sagres. Je näher wir an die Klippen kommen, desto unwirtlicher wird die Landschaft. Hier draußen gibt es keine Äcker und Wiesen mehr. Fast alles, was aus dem Boden sprießt, bläst der Seewind weg. Kümmerliche Pinien krallen sich am Boden fest, Blütenteppiche von weißen Zistrosen trotzen der Kargheit. Tief unter uns donnert die Brandung des Atlantiks gegen einen düsteren Felsriegel, der zwei Sandbuchten voneinander trennt: die Praia da Pena Furada, der Strand der gespaltenen Feder.

Über den Felskathedralen ziehen Wanderfalken ihre Kreise, während wir gegen den ohrenbetäubenden Wind ankämpfen, um den Abstieg zu erreichen. Im Zickzack führt uns der versteckte Pfad durch ein windgeschütztes Seitental hinunter in einen Dünengürtel, der in einen traumhaften Sandstrand zwischen dunklen Felsen mündet. Tolgas Hundemeute genießt den einsamen Fleck und tollt an der Wasserkante herum, draußen tobt sich die wilde See aus, coole Surferfotos gibt´s halt ein anderes Mal …

Die Tejo-Bucht prägt nicht nur den Horizont der portugiesischen Hauptstadt wie oben in der Alfama, sondern bestimmt mit ihren Gezeiten auch den Rhythmus der Küstenbewohner – vor allem am flachen Südufer wie an der Hafenmole von Alcochete.

» Es gibt nichts Schöneres als die Art und Weise, wie der Ozean sich weigert, mit dem Küssen der Küste aufzuhören, egal wie oft er weggeschickt wurde. «

Sarah Kay

30 Kilometer noch bis zum Südwestzipfel Europas am Cabo São Vicente. Auf halber Strecke stoppen wir kurz in der Kleinstadt Vila do Bispo: kopfsteingepflasterte Gassen, weiß getünchte Häuser mit roten Ziegeldächern und eine Autowerkstatt, in der wir das defekte Türschloss der seitlichen Flügeltür reparieren lassen. Hier lernen wir zufällig Herbert kennen, einen Mechaniker aus Norddeutschland, der seit 20 Jahren in der Region in seinem alten Magirus Deutz Bus wohnt. Hinter Vila do Bispo hat der Wind alles abgeschliffen, die letzten Kilometer bis zur Landspitze bestehen aus einer kahl rasierten Felsebene, die Steilküste scheint wie mit einem Riesenmesser abgehackt. Am Kap des Heiligen Vincenz endet Europa. Als einsamer Vorposten steht die exponierte weiße Leuchtturm-Festung auf den senkrecht abstürzenden Kalkfelsen. Vor uns 6000 Kilometer Wasser bis nach Brasilien, dem Geburtsland meines Bullis, über 10 000 Kilometer bis zum Kap der Guten Hoffnung.

An diesem windzerzausten Flecken herrschen offenbar besondere Kräfte, denn seit der Jungsteinzeit ist das Kap für Menschen ein heiliger Platz, wie die vielen Menhire in der Umgebung beweisen. Auch den Römern galt es als magischer Ort am Ende der Welt und als Sitz der Götter. Vor mehr als 500 Jahren segelten hier Vasco da Gama, Bartolomeu Diaz, Pedro Alvares Cabral auf ihren großen Fahrten vorbei.

Die Praia da Bordeira an der Costa Vicentina ein paar Kilometer westlich von Carrapateira ist einer der beliebtesten Surfer-Hotspots.

Entlang der afrikanischen Westküste drangen die portugiesischen Seefahrer bis zum Kap der Guten Hoffnung vor, kreuzten den Indischen Ozean Richtung Goa, Malakka und Formosa, erreichten über den Atlantik Brasilien – und schufen so die Grundlage für Portugals Aufstieg zur kolonialen Weltmacht.

Bitte noch einen Zwischentitel

Corona hat auch diesen touristisch beliebten Ort entleert, doch am späten Nachmittag trifft noch ein gutes Dutzend junger Leute am Kap ein. Andächtig starren sie an der Abbruchkante auf den im Westen über dem Atlantik versinkenden Feuerball, beklatschen das Naturspektakel, zücken kurz noch ihre Smartphones für ein Selfie und sind auch schnell wieder verschwunden. Wir tuckern mit dem Bulli in der Dämmerung ein kleines Stück nach Norden zurück, steuern über staubige Pisten einen Schlafplatz oberhalb eines weiteren abgelegenen Strandes an – ein Tipp von Tolga. Im letzten Tageslicht passieren wir einen alten Bus, halb im Gebüsch versteckt am Rande der Piste parkend. Schemenhaft erkennen wir im schummrig beleuchteten Innenraum den Mechaniker wieder. Jeden Abend stellt Herbert sein fahrendes Domizil irgendwo in der Einsamkeit des Hinterlandes ab, seit 20 Jahren – Freiheit am Vorposten Europas. Er segelt nicht wie die Seefahrer vor 500 Jahren von hier los zu fernen unbekannten Ufern, um die fernen Schätze für sich zu beanspruchen. Herbert bleibt, denn er hat bereits sein Paradies gefunden.

Sonnenuntergang am Cabo São Vicente △
Mit Tolga unterwegs an der abgelegenen Praia da Pena Furada zwischen Carrapateira und Sagres ▷

Mit Bulli »Erwin« am Südwestzipfel Europas, dem Cabo São Vicente ▽▽

Etappe 2

Von Monsanto an die Küste Galiciens

Portugal – Spanien

Steindörfer, Portfässer und Leuchttürme

Ab in die Berge, ab in den Norden! Hinter Castelo Branco biegen wir von der Autobahn auf eine Landstraße ab, es wird einsam nahe der spanischen Grenze. Unser erstes Ziel im Norden ist Monsanto, das 1938 zum »portugiesischsten Dorf« gekürt wurde. Schon aus zehn Kilometer Entfernung sieht man das Dorf hoch oben auf einem Berg thronen, inmitten von gigantischen Granitfelsblöcken, die wie von Riesen in grauer Vorzeit hingeworfen wirken. Die Bewohner haben ihre Häuser um die haushohen Felsen errichtet, teils sogar ins massive Gestein hineingehauen. Offenbar existiert eine mysteriöse Symbiose zwischen den Granitquadern der Häuser und den unbehauenen runden Riesenblöcken.

Nach den sagenhaften Riesen waren auf jeden Fall die Römer in dieser Region, bauten Erze in den Bergen ab und pflanzten Weinstöcke im Douro-Tal. Nachdem die Mauren im 12. Jahrhundert vertrieben worden waren, flüchteten 50 000 Juden nach Einführung der Inquisition 1492 von Spanien nach Portugal. Viele ließen sich in den abgelegenen Bergregionen hinter der Grenze nieder. Im Bergdorf Belmonte konnte sich die jüdische Kultur unter christlichem Deckmantel bis heute erhalten. Im 20. Jahrhundert begann eine starke Abwanderung aus den verarmten Bergregionen an die Küste, nach Lissabon und Porto. Darum schuf der portugiesische Staat in den 1990er-Jahren ein Förderprogramm für zwölf historische Orte wie Monsanto und Belmonte, um dort einen Tourismus mit lokalen und regionalen Anbietern zu entwickeln.

Das Bergdorf Monsanto nahe der spanischen Grenze wurde 1938 zum »portugiesischsten Dorf« gekürt.

Das Konzept ist erfolgreich, in normalen Zeiten schwärmen oft Busladungen von Tagesbesuchern nach Monsanto. Doch jetzt herrscht gähnende Leere. So schlendern wir alleine durch die engen Gassen des mittelalterlichen Dorfes. Stille, eine streunende Katze, irgendwo in der Ferne kreischt kurz eine Motorsäge auf. An einer Steintreppe grüßt uns eine kleine resolute Frau. Wir kommen ins Gespräch und erzählen von unserem großen Europa-Projekt mit Bulli »Erwin«. Spontan lädt uns Ana herzlich zum Mittagessen ein: »Für José und mich ist das sowieso zu viel. Für das, was euch noch bevorsteht, benötigt ihr viel Kraft!« Eine Viertelstunde später kredenzt sie das portugiesische Nationalgericht Feijoada – ein kräftiger Eintopf aus Bohnen, Reis, Schweinebauch, Kasseler und Bratwürsten. Wie zwei nach langer Reise heimgekehrte Söhne hocken Tobi und ich gemeinsam mit unseren liebevollen Gastgebern am Esstisch, es ist herrlich familiär. Aber da ist noch jemand im Raum: Über dem Sofa prangt ein Wandteppich mit dem lebensgroßen Konterfei von Jesus Christus und vier Schutzengeln.

Ana stammt aus Angola. Ihre Familie geriet im mörderischen Bürgerkrieg zwischen die Fronten, flüchtete schließlich nach Portugal, wo Ana traumatisiert von den erlebten Gräueln mit sechs Jahren ankam. Wenn sie nicht davon so frei erzählen würde, würde man der lebenslustigen, gut gelaunten Frau ihr Schicksal nicht glauben wollen. Seit zehn Jahren lebt sie hier in den Bergen in Monsanto sichtlich glücklich mit ihrem Mann José, der in diesem Haus geboren wurde. Der durchtrainierte Mittfünfziger beklagt, dass ein Großteil der Gelder für den Erhalt der historischen Dörfer im Behördendschungel verschwunden ist. Darum kandidiert er als Bürgermeister, um die Rechte der letzten paar Dutzend echter Dörfler zu verteidigen. Ein Großteil der Grundstücke gehört mittlerweile vermögenden Städtern, deren Häuser die meiste Zeit des Jahres leer stehen.

Zu gerne würden wir in Monsanto übernachten, aber wegen Covid sind fast alle Unterkünfte geschlossen, weder ein geeigneter Stellplatz für den Bulli noch ein Zeltplatz sind vorhanden. Doch Ana weiß Rat: Sie besitzt die Schlüssel für eine kleine Pension. Die Sonne steht schon tief, als wir uns noch einmal aufmachen, die Umgebung zu Fuß zu erkunden. Hinter dem westlichen Stadttor am Friedhof erleben wir ein zeitloses bukolisches Idyll: Ein alter Mann kehrt bedächtigen Schrittes mit seinem Dutzend Schafe und Ziegen vom täglichen Weidegang zurück ins Dorf. Mit Schiebermütze, schwarzem Cape, traditioneller Wollhose und dem selbst geschnitzten Hütestock besitzt der alte Hirte etwas Britisch-Aristokratisches. Zu unserer Überraschung zeigt er sich sehr aufgeschlossen und stellt sich als Joaquin vor. Er erzählt, dass er seit seiner Kindheit fast jeden Tag seine geliebten Tiere hüte, nur dieses Ritual hielte ihn mit seinen 82 Jahren körperlich und geistig noch so fit. Das Ausbleiben der Touristen stört ihn im Gegensatz zu den meisten anderen Dorfbewohnern überhaupt nicht. Als wir uns am Abend am Tresen der einzig geöffneten Dorfkneipe auf ein Gläschen Rotwein treffen, verrät er uns, was in einem halben Jahr auf das Dorf zukommt: Das Filmteam der Kultserie »Game of Thrones« will die nächste Staffel in Monsanto drehen. Nun werden lokale Komparsen mit der Vorgabe gesucht, sich über mehrere Wochen nicht die Haare schneiden zu lassen und sich nicht zu rasieren. Niemals würde er es zulassen, so zottelig und ungepflegt durch sein Dorf zu laufen!

Fast wie ein Gemälde wirkt dieser Olivenhain bei Monsanto mit den leuchtenden Frühlingsblumen. △
Bukolische Szenen: Im nordportugiesischen Gebirgsdorf Monsanto ticken die Uhren gemächlicher als an der Algarve oder in den Küstenmetropolen: Die Ziegenhirtin, der Hirte Joaquin oder José und Ana in ihrem Heim – sie benötigen für ihr Glück und Zufriedenheit nicht allzu viel. ▷

Wasser und Wein

Ortswechsel. Zwei Stunden zuckeln wir gen Westen über die Hochfläche durch Kiefernwälder und karge Heidelandschaft mit blühenden Oleandersträuchern, dann geht es in unzähligen Kurven hinunter in das berühmte Douro-Tal. Hier bauten schon die Römer vor 2000 Jahren Reben an, vor fast 300 Jahren wurde das Areal des Portweinanbaus für ein Qualitätssiegel definiert und die prächtigen, Quintas genannten Weingüter entstanden. Im trüben Licht der vom Atlantik heraufziehenden Wolken wirkt die einzigartige Kulturlandschaft aus terrassierten Steilhängen wie eine Mischung aus Mosel und Jangtsekiang: Weinberge, wohin man schaut, dazwischen schlängelt sich in der Tiefe ein träger Fluss elegant nach Westen. Wir kommen nur im Schneckentempo voran, denn die Straßen sind eng, steil, kurvenreich und regennass, dazwischen locken immer wieder tolle Ausblicke zum Stopp.

So erreichen wir erst am nächsten Vormittag die Altstadt von Porto. Was für ein Panorama! Vor uns spannt sich die gusseiserne zweistöckige Ponte Luís I in hohem Bogen über den Fluss, unter uns reihen sich am Südufer des Douro die großen Lagerhäuser der berühmten Portweinhändler – klangvolle Namen wie Sandeman, Taylor's und Croft –, in deren Holzfässern durch jahrelange Reifung und kunstvollem Verschnitt der bekannte Dessertwein entsteht. Ab Anfang des 18. Jahrhunderts ließen sich vor allem britische Handelshäuser in Porto nieder, so besaßen diese über lange Zeit auch

das Handelsmonopol für den in England so begehrten Traubensaft. Die dicht besiedelte Region um Porto steht für Handel, Industrieproduktion, Wohlstand und damit auch für sehr viel Verkehr. Über das dichte Autobahnnetz entkommen wir den alltäglichen Feierabendstaus der Pendler gerade noch rechtzeitig. Zügig geht es entlang der Küste Richtung Norden. Die erste Grenzüberquerung steht an. Zwei Wochen zuvor war die Grenze zu Spanien wegen Covid noch komplett geschlossen. Als wir am späten Nachmittag den Grenzfluss Minho erreichen, hat die erste Fähre ihren Betrieb noch nicht aufgenommen. Doch auf der einige Kilometer östlich gelegenen Grenzbrücke werden wir weder auf der portugiesischen noch auf der spanischen Seite kontrolliert!

Die Weinregion Alto Douro (Oberes Douro-Tal) zwischen Peso da Régua und Pinhão ist das älteste Weinanbaugebiet der Erde. Schon vor 2000 Jahren begannen hier die Römer Rebstöcke anzupflanzen. ◁

Die zweistöckige Ponte Luis I ist ein gusseisernes Meisterwerk des Brückenbaus aus dem Jahr 1886. Seit 2004 ist die obere Ebene für den Straßenverkehr gesperrt, hier dürfen nur noch die Metro und Fußgänger passieren. △

Galicien, der raue Nordwesten Spaniens, begrüßt uns am Leuchtturm von Cabo Silleiro mit einer Sturmnacht. Waagrechte Regenböen peitschen stundenlang gegen den Bulli, wir werden hin und her geschüttelt. Am Morgen ist der Wetterspuk verflogen, die Sonne lugt scheu zwischen den Wolken hervor. Wir umfahren die größeren Städte Vigo und Santiago de Compostela, wollen ganz weit hinaus in die äußerste Ecke nach Muxía, den Endpunkt vieler Pilgerwege. Bis ins Mittelalter galt diese Region als das Ende der bekannten Welt – *finis terrae.* Hinter dem kleinen Hafenort steht den Winterstürmen schutzlos ausgesetzt und von drei Seiten vom Atlantik umspült das »Santuario da Virxe da Barca«, die Wallfahrtskirche »Unsere Jungfrau vom Boot«, auf einer flachen Felshalbinsel, Der Legende nach soll hier die Gottesmutter Maria mit einem steinernen Schiff gelandet sein, um den Apostel Jakob bei der Missionierung Galiciens zu unterstützen. Unterhalb der Kirche liegen für jeden sichtbar die Beweise: der ehemalige Schiffsrumpf, die »Pedra d´Abalar«, ein neun Meter langer und nur 60 Zentimeter hoher tonnenschwerer Stein, die »Pedra dos Cadris«, die Segel, und die »Pedra do Timón«, das steinerne Steuer. Man erzählt sich, dass Menschen, die den Riesenstein bewegen können, frei von Sünde sind. Manchmal jedoch schwingt der Monolith angeblich von selbst, was als Vorbote eines Unglücks interpretiert wird.

Im wilden Winkel Spaniens

Unglücke gab es hier an der »Todesküste« Costa da Morte in letzter Zeit weiß Gott genug: Kurz nach Weihnachten 2013 schlug ein Blitz in das Heiligtum ein, setzte das Dach in Flammen und zerstörte große Teile der Wallfahrtskirche. Es dauerte Jahre, bis das Pilgerziel restauriert war. Eine Katastrophe biblischen Ausmaßes geschah elf Jahre früher. Abends im Fischrestaurant »Pedra d´Abalar« erzählt uns die Chefin Marie Carmen vom Schicksal des Öltankers »Prestige« im November 2002: »Dort draußen havarierte das Schiff im Sturm, nur 70 Kilometer von uns entfernt. Die Behörden erlaubten

Die *horreos* sind die traditionellen Speicher für Getreide und Mais, die zum Schutz vor Mäusen auf Stelzen thronen. △
Die Wallfahrtskirche »Unsere Jungfrau vom Boot« liegt westlich von Muxía exponiert auf einer flachen Felshalbinsel. ◁
Am Cabo Vilán im äußersten Nordwesten Galiciens wächst wegen des rauen Wetters nur noch Buschwerk. ▷

nicht, den Tanker in einen nahen Hafen zu schleppen, dadurch wurde alles noch viel schlimmer.« Sechs Tage später riss der Schiffsrumpf auf offener See und 64 000 Tonnen Schweröl liefen aus. Fast 3000 Kilometer Küste wurden verschmutzt, besonders stark traf es die Costa da Morte. »Aus allen Teilen Spaniens kamen die Helfer«, erinnert sich Marie Carmen. »Sie kratzten die ölverschmierten Felsen sauber und versuchten die Seevögel zu retten. Doch der Goldschatz unserer Küste, das marine Leben, war über viele Jahre zerstört, unsere Fischer für viele Monate arbeitslos. Die Bestände von Seevögeln und Seetieren haben sich an einigen Küstenstrichen bis heute nicht ganz erholt.«

Wir verlassen Muxía am Himmelfahrtstag. Über kleine kurvige Landstraßen schlängeln wir uns entlang der Rias, der weit ins Land reichenden Küstenbuchten, vorbei an Windparks und Muschelzuchtstationen ins Landesinnere. Zwischen regensatten Wiesen und Feldern liegen winzige Ortschaften. In der Nähe vieler Häuser stehen seltsame Sarkophage auf Steinstelzen, gekrönt von Steinkreuzen oder Steinobelisken. Sofort denken wir an eine weitere frühchristliche mystische Tradition, an Reliquienschreine von lokalen Märtyrern. Doch dieses Mal geht es ganz profan zu: Die *horreos* sind Speicher für Getreide und Mais, die zum Schutz vor Mäusen auf Stelzen stehen. Aber immerhin sollen die Obelisken böse Geister abhalten.

Fast magisch ziehen uns die Wallfahrtsorte hier draußen an – sicher auch, weil wegen der Pandemie keine Pilger kommen und ihre besondere Atmosphäre deshalb intensiver spürbar ist. Wir fahren weiter nach Osten, in großem Bogen vorbei an den Hafenstädten La Coruña und Ferrol zur Küste der Rías Baixas mit ihren fantastischen Surferstränden. Unser Ziel ist Santo André de Teixido hinter dem Küstengebirge Serra da Capelada. In Serpentinen windet sich das schmale Sträßchen bis hoch auf den 600 Meter hohen Kamm. Oben grasen friedlich Wildpferde und Kühe zwischen Ginster, Heidekraut und Pinien. Tief unten liegt der winzige Wallfahrtsort wie in einem Amphitheater eingebettet oberhalb der Klippen in der Loge, der schäumende Atlantik darunter ist die Bühne.

IFOP
GH
EA-3265

» Wenn Du ein Schiff bauen willst, dann trommle nicht Männer zusammen, um Holz zu beschaffen, Aufgaben zu vergeben und die Arbeit einzuteilen, sondern lehre sie die Sehnsucht nach dem weiten, endlosen Meer. «

Antoine de Saint-Exupéry

Bulli »Erwin« auf einer Schiffswerft im Hafen von Cedeira, Galicien. Fischfang und Muschelzucht sind nach wie vor dominante Wirtschaftszweige im Nordwesten Spaniens. ◁
Montse arbeitet an einer der wenigen privaten Tankstellen westlich von La Coruña. △

Bereits den Kelten diente dieser eindrucksvolle Ort als Kultplatz. Der Name liefert den Beweis, denn die Eibe – galicisch: *teixo* – verehrten sie als heiligen Baum. Darum offerieren die Souvenirläden neben den christlichen Devotionalien auch Talismane mit keltischer Symbolik und jede Menge Liebeskräuter. Nicht einmal 50 Menschen leben heute in diesem abgeschiedenen und doch bedeutendsten galicischen Wallfahrtsort nach Santiago de Compostela.

»Nach Santo André muss als Toter pilgern, wer es nicht zu Lebzeiten tat«, besagt ein galicisches Sprichwort. Darum lösen manche Wallfahrer auf der Pilgerfahrt ein zusätzliches Busticket und überlassen den Fensterplatz einer toten Seele, die sonst in Gestalt eines Tieres mühsam nach Santo André kriechen müsste. Wer nachts hier unterwegs ist, Kerzenwachs erblickt oder verbranntes Wachs riecht, hat Glück gehabt, da er der Santa Compaña entkommen ist. Wer diese Prozession der Seelen sieht, muss der Legende nach mit ihr hinunter ins Reich der Toten.

Eigentlich hatte ich oben an der Abbruchkante zum Meer einen traumhaft schönen Zeltplatz zwischen Ginsterbüschen gefunden, aber kurz vor Sonnenuntergang zieht rasend schnell dichter Nebel in den Bergen auf. Wir haben keine Lust, die Santa Compaña im Nebel zu entdecken, und fahren lieber wieder hinunter in das Hafenstädtchen Cedeira. Spät am Abend finden wir im fünften Anlauf ein kleines Hotel an der Uferpromenade. Gleich daneben liegt die Café Bar »A Marina«, der Treffpunkt der lokalen Fischer und Muschelsammler. Schon kurz nach 7 Uhr morgens stehen die ersten palavernd zusammen, bevor Wirt Antonio das Lokal um Punkt 8 Uhr öffnet. Nicht wenige Seeleute verfeinern ihren ersten Espresso auch gleich mit einem kräftigen Schuss Whisky. Man kennt sich. Mein cooler Oldtimer-Bulli ist natürlich Hingucker und Türöffner zugleich. So lernen wir schnell Fernando kennen, den alle nur bei seinem Spitznamen El waxo (der Bauer) nennen. Sein Großvater besaß hier ebenfalls eine Bar, floh jedoch in den 1960er-Jahren vor der Franco-Diktatur nach Uruguay. Dort verbrachte El waxo seine Kindheit, bevor er 1985 wieder in die galicische Heimat seiner Familie zurückkehrte. Seit ein paar Jahren ist er wie so viele hier ein *percebeiro,* ein Entenmuschelsammler, gemeinsam mit seinen Freunden Ivan und Jesús, die schon als Teenager als Fischer auf hohe See fuhren.

Im Rhythmus der Gezeiten

Obwohl Fernando hier nicht geboren ist, kennt er alle Muschelarten der galicischen Küste: *mejillones, berberechos, ostrapicadas, conchas, bocavantes* und *zambourinas*, aber die begehrtesten sind die *percebes*, die Entenmuscheln – das Gold der galicischen Küste: Bis zu 150 Euro kostet ein Kilo dieser gelborange gefärbten Kreaturen, die tatsächlich gar keine Muscheln sind, sondern zu den Rankenfußkrebsen gehören. Ihre Ernte ist gefährlich, da sie sich an besonders exponierten Felsen ansiedeln, die besten liegen bei Cedeira.

Nur bei Ebbe haben die Goldgräber der Küste etwa zwei Stunden Zeit, um in der Brandung die kostbare Delikatesse zu erbeuten – ein lebensgefährlicher Job. Als bei einer Tour sein bester Kumpel an den Klippen verunglückte, fühlte sich Fernando verantwortlich und wollte das Muschelsammeln aufhören. Doch er fand wie so viele keine andere Arbeit und fuhr trotz der Gefahren wieder hinaus aufs Meer.

Nächtliche Stimmung im Fischerhafen von Muxía an der Costa da Morte △

Der kleine Wallfahrtsort Santo André de Teixido liegt dramatisch eingerahmt zwischen den Klippen der galicischen Küste und dem Küstengebirge der Serra da Capelada. ▷

Die nächsten zwei Tage versinken im Dauerregen bei Temperaturen um 10 Grad, während sich Andalusien bereits in hochsommerlichen 30 Grad sonnt. Die Fischer nehmen das Warten in der Bar »A Marina« mit stoischer Gelassenheit hin, erzählen sich ihre Geschichten vom Kampf mit dem Meer – es herrscht halt wieder mal typisch galicisches Wetter. Nach drei Tagen beruhigt sich endlich die Natur, der Sturm zieht ab und die Sonne bricht durch. Wir haben inzwischen im Hafen die notwendige Versicherung abgeschlossen, um Fernando, Ivan und Jesús begleiten zu können.

Gegen Mittag lässt der Seegang nach, das Gezeiten-Timing stimmt ebenfalls, also raus aufs Meer! Beim Queren der Bucht schaukelt die winzige Schaluppe heftig hin und her, Fernando steuert das Boot zwischen schroffen Küstenfelsen direkt in einen schmalen Kanal hinein. Genau im richtigen Moment zwischen zwei Brechern springen Ivan und Jesús in ihren Neoprenanzügen blitzschnell ins kalte Wasser und kraulen an die Felswände, meißeln die Muscheln ab und verstauen sie in ihren Netzbeuteln. Dann kracht plötzlich aus dem Nichts eine schäumende Woge über sie hinweg, für zwei, drei Sekunden sind sie völlig unter den wütenden Wassermassen verschwunden. Währenddessen tariert Fernando das kleine Motorboot ständig aus, um nicht mit der Wucht einer Welle an den Felsen zu zerschellen.

Bevor sich Ivan und Jesús nach einer Viertelstunde in der Felsbrandung mit gefüllten Netzen klitschnass und erschöpft das erste Mal wieder aufs Boot schwingen, erfahren wir vom Steuermann, dass vor Einführung der schützenden Neoprenanzüge weitaus mehr tödliche Unglücke passierten. Früher konnte man überall sammeln, heute darf nur noch jeder innerhalb seiner Kommune und auch nur ein limitiertes Kontingent von maximal zehn Kilo pro Tag ernten. Über Fangzeit und Fangort entscheidet die lokale Fischereiaufsicht. Doch Gier und auch Not forcieren den illegalen Fang vor allem im Winter. Da *percebes* um Weihnachten die höchsten Preise erzielen, setzen besonders die Illegalen Muschelsammler im noch raueren Winterwetter regelmäßig ihr Leben für das galicische Küstengold aufs Spiel.

Zwei Stunden später begutachten Ivan und Jesús auf dem Rückweg zum Hafen ihre Ausbeute mit zufriedener Miene und Ivan resümiert: »Das Meer ist für uns *percebeiros* wie eine attraktive, aber unberechenbare Frau: Sie schenkt dir Glück, sie schenkt dir Leben, sie nimmt dir Glück, sie nimmt dir Leben!«

Finis Terrae

Unser Abschied von Galiciens wilder Küste erfolgt passenderweise an der Spitze einer Halbinsel. Im dichten Morgennebel fahren wir langsam auf den Leuchtturm an der Estaca de Bares zu, wo wir mit der Leuchtturmwärterin Señora Carmen verabredet sind. Die schlanke sportliche Endfünfzigerin mit ergrauten Zöpfen und resolutem Blick empfängt uns mit einer klaren Ansage: keine Fotos! Sie besitzt hier viel Freiraum, einen Garten, im Leuchtturmwärterhaus steht eine Tischtennisplatte. Seit drei Jahren arbeitet sie hier, davor war sie 36 Jahre auf dem Leuchtturm der Islas Cies an der Küste vor der Hafenstadt Vigo tätig. Doch sie ist keine Eremitin, hat zwei erwachsene Töchter in Madrid und Santiago. Ihr Mann ist ebenfalls Leuchtturmwärter, genau wie ihre älteren drei Brüder. Sie alle sind Angestellte des Staates, der, so beklagt sie sich, jedoch kein übermäßiges Interesse am Erhalt dieser so geschichtsträchtigen Kulturgüter besitzt. »Sie wollen die Pflanzen schützen, aber vergessen die Menschen, alles wird zum Museum, alles wird tot. Wir sind die letzten unserer Zunft!«

Zum Abschluss spielen wir gegen Carmen ein paar Tischtennismatches, dann verabschieden wir uns. Kaum haben wir den Bulli auf dem Hof gewendet, werkelt sie schon wieder in ihrem Garten. Die drei Wörter, mit denen sie ihr jahrzehntelanges Leben hier draußen am Meer beschrieb, hallen in mir noch Stunden später nach: *Soledad, libertad y humildad* – Einsamkeit, Freiheit und Demut vor der gewaltigen Natur.

Am Leuchtturm Estaca da Bares an der galicischen Küste befindet sich der nördlichste Punkt Spaniens. △
Nach einer Bootstour zu den Muschelbänken säubert »El waxo« die Neopren-Ausrüstung der *percebeiros* (Entenmuschelsammler). ◁
Unterwegs mit den *percebeiros* auf ihrer gefährlichen Tour zu den exponierten Muschelfelsen entlang der galicischen Küste bei Cedeira. ▷

» Du kannst die Wellen nicht stoppen, aber du kannst surfen lernen. «

Jon Kabat-Zinn

Die galicischen Rías sind lange Meeresarme, die tief ins Landesinnere dringen. Hier sind wir mit Bulli »Erwin« unterwegs auf einer alten Brücke nahe der Estaca de Bares. ◁
Mit den Surferjungs aus Cedeira am Strand von Pantin, einem der berühmtesten Surfer-Hotspots Galiciens △

Etappe 3
Von Asturien ins Baskenland

Spanien

Weise Frauen, Geisterorte und eine echte Wüste

»Endlich wieder zu Hause in Europa!«, riefen die spanischen Seefahrer im 16. Jahrhundert aus, als sie aus Amerika über den Atlantik zurückkehrten und im Golf von Biscaya schon aus weiter Ferne das Küstengebirge erblickten. Für sie waren die 2500 Meter hohen Berge die Picos de Europa – die Gipfel Europas.

Die wilde Berglandschaft der Picos schützt seit mehr als 100 Jahren ein Nationalpark, den rund 80 Braunbären und die meisten frei lebenden Wölfe Europas durchstreifen. Doch die Region im Grenzgebiet von Asturien und Kastilien gilt auch als die Wiege Spaniens. In unwegsamem Gelände versteckte sich hier im 8. Jahrhundert eine Handvoll westgotischer Krieger, deren Reich von den Mauren zerstört worden war. 722 errangen sie bei ihrem Marienheiligtum in Covadonga in einem Scharmützel als erste christliche Truppe einen Sieg über die maurischen Besatzer. Dieser Erfolg gilt als Beginn der Reconquista, der »Rückeroberung« der Iberischen Halbinsel durch christliche Reiche, die mehr als 750 Jahre dauern sollte.

Als wir mit Bulli »Erwin« ganz in der Nähe die Nordgrenze des Nationalparks erreichen, sind wir einfach nur baff, wie sich die Landschaft innerhalb einer Stunde verändert hat: Eben noch fuhren wir auf der Autobahn entlang des schmalen Küstenstreifens vorbei an Großstädten wie Oviedo und Gijón, an Schwerindustrie und Kraftwerken. Jetzt, keine 20 Kilometer Luftlinie entfernt, schlängeln wir uns durch tiefe Schluchten in die alpine Bergwelt der Picos hinein. Unten satte Almen, das frische Grün von Buchen- und Eichenwäldern, oben schroffe schrundige Kalkfelsen. Aus den grauen Karstklötzen ragt der Felsdom Naranjo de Bulnes wie eine mystische prähistorische Abschussrampe in den Himmel. Darunter liegt das Bergdorf Bulnes, das nur zu Fuß oder über eine Seilbahn erreichbar ist. Eigentlich wollten wir den 40-Seelen-Weiler über den Wanderweg durch die imposante Cares-Schlucht erreichen, doch am Einstieg herrscht bereits reger Betrieb. Zu viele Menschen! Also wenden wir uns nach Osten, fahren auf dem schmalen Sträßchen durch das Nachbartal und dort am Ende über mehrere Kehren hinauf nach Sotres.

Ankunft im entlegenen Fünf-Einwohner-Dorf Caracena in der entvölkerten kastilischen Provinz Soria

Im Gegensatz zum Gewusel unterhalb von Bulnes herrscht in diesem höchstgelegenen Bergdorf Asturiens offenbar selbst Mitte Mai noch Winterschlaf: Fast alle Bars und Unterkünfte sind geschlossen und auf dem Parkplatz im Zentrum stehen außer meinem Bulli nur noch ein Lieferwagen und ein Jeep der Nationalparkverwaltung.

Am nächsten Morgen treffen wir vor dem Dorfladen ein, der gerade von einer Frau geöffnet wird. Sie wässert zunächst ihre vielen Topfblumen im Eingangsbereich und stellt dann die Ständer mit den Postkarten und selbst gestrickten Socken, Handschuhen und Mützen nach draußen. Als wir den schummrigen Innenraum betreten, fühle ich mich wie auf einer Zeitreise. So ähnlich sah ich das als kleiner Steppke in den 1960er-Jahren in Deutschland beim Kaufmann auf dem Land: die ganze linke Seite des Raumes mit Ware vollgestopft, Konserven und Süßigkeiten in den Regalen hinter dem hölzernen Tresen, einheimische Käse- und Wurstsorten auf dem Tresen, Wasch- und Putzmittel unter dem Tresen, Bechertassen, Schnitzereien und Korbwaren unter der Decke. Auf der schmaleren rechten Seite befinden sich zwei Tische mit jeweils vier Stühlen – das ist der Restaurantbereich in Doña Anas Imperium, in das sich manchmal auch eines ihrer 30 Hühner verirrt.

»*Chigre* heißt diese für das ländliche Asturien früher so typische Kombination aus Ladenkiosk mit Bar und kleinem Restaurant«, verrät uns Ana. Vor mehr als 50 Jahren hatte ihr Vater das Geschäft eröffnet, früher gab es dazu sogar eine Übernachtungsmöglichkeit. Als sie merkt, dass wir viel mehr erfahren möchten, legt sie richtig los: In geschliffenen Sätzen geht ihr Lehrvortrag von der Geschichte des Bergdorfes nahtlos über zu Themen wie Bildung, Gleichberechtigung, Ökologie bis hin zu Literatur, Philosophie und der aktuellen politischen Lage.

Wilde Berge, weise Frauen

Die Familie ihres Vaters war schon seit Jahrhunderten in Sotres ansässig, als sich die wirtschaftliche Situation im traditionell republikanischen Asturien durch die Strafaktionen des faschistischen Franco-Regimes verschärfte. Das Dorf erhielt keine Schullehrer, die Mobilität wurde streng kontrolliert, Armut und Hunger nahmen dramatisch zu. 1954 wanderte Anas Familie nach Venezuela aus, wo sie ihre ersten drei Lebensjahre in Caracas verbrachte. Nach Ende der schlimmsten Restriktionen kehrte die Familie 1968 wieder in ihre alte nordspanische Heimat zurück. Doch noch immer waren entlegene Bergdörfer wie Sotres im Winter manchmal wochenlang komplett von der Außenwelt abgeschnitten, oben in den Bergen lag der Schnee teils bis zu zehn Meter hoch. In dieser Isolation überlebte man nur als Selbstversorger. So lernte Ana nicht nur Nähen, Spinnen und Kochen, sondern auch, wie man Schafe hütet, Weidezäune aufstellt und Dächer deckt.

»Ich besaß eine glückliche Kindheit, nichts war einfach, wir mussten hart arbeiten, aber man konnte sich aufeinander verlassen, es war ein Leben mit Leidenschaft«, erinnert sie sich an diese Zeit. Doch die Bergregion entvölkerte sich: 1960 zählte Sotres 800 Einwohner, 30 Jahre später nur noch 65 Menschen, auch weil die nötige Infrastruktur fehlte. Die Straßenanbindung ins Tal kam erst 1970, 1981 die Stromversorgung und erst 1989 der Telefonanschluss. Gerettet wurde das Dorf schließlich durch den nahen Nationalpark und den aufkommenden Wandertourismus seit den 1980er-Jahren. Seitdem bleibt die Einwohnerzahl stabil, sogar einige junge Familien sind in den letzten Jahren nach Sotres gezogen.

Zum Mittagessen kredenzt uns Doña Ana typisch asturische Speisen: Als Entrée probieren wir lokale Rohmilchkäsesorten wie den blaugrün geäderte *Queso Cabrales*, der ein halbes Jahr in Höhlen reift. Dann folgt eine *Fabada* (Bohnensuppe), als Hauptgang *Cachopo* (mit Käse und Schinken gefüllte Rinderfilets) und schließlich als Dessert *Frixuelos* (Pfannkuchen). Ana ist eine exzellente Köchin, aber noch beeindruckender ist ihre Persönlichkeit und ihr universales Wissen, das sie ohne größere Schulbildung vor allem durch ihren Vater erlangte:

Noch bevor sie in die Schule kam, konnte sie lesen und schreiben. Es gab keine Kinderbücher im Haus, jedoch Papas umfangreiche Bibliothek. Schon als Teenager fing sie mit spanischer Literatur von Cervantes und Garcia Lorca an, danach kamen die Franzosen an die Reihe: Balzac, Dumas, Hugo. Sie verschlang die großen russischen Literaten genauso wie deutsche Philosophen, doch besonders gefielen ihr Thomas Manns »Der Zauberberg« und »Die Buddenbrooks«.

Auf einmal gerät ihre imposante Lehrstunde – sie steht am Tresen, wir sitzen als Zuhörer gebannt am Tisch – zum politischen Statement: Sie vergleicht das heutige Europa mit der Spätphase des Römischen Imperiums, das an seiner Sattheit und Dekadenz zugrunde gegangen ist. Keiner kenne mehr Krieg, keiner weiß um Hunger, daher sieht auch keiner die Gefahren. Seit den 1980er-Jahren befänden wir uns im Rückschritt, es fehle in unserer Gesellschaft an Wertschätzung, an Mut zur Leistung, zum Kämpfen und auch an großen Persönlichkeiten wie einst Churchill, de Gaulle und Adenauer. Wie aus einer lebenden Enzyklopädie sprudelt aus ihrem Mund auch gleich dazu das passende Churchill-Zitat: »Politiker denken an die nächste Wahl, Staatsmänner an die nächste Generation. Wir brauchen mehr Staatsmänner.« Schließlich resümiert sie: »Geschichte ist ein Spiegel, in dem wir uns wiedererkennen und daraus lernen sollten!« Wir sind fix und fertig von dieser geballten Ladung an profundem Wissen und Weisheit!

Die Begegnung mit dieser so großartigen, starken und klugen Frau wirkt in uns noch lange nach. Ursprünglich wollten wir mit »Erwin« entlang der nordspanischen Küste Richtung Baskenland weiterfahren, aber seit Sotres und Ana lässt mich *La España vaciada*, das entleerte Spanien, nicht mehr los. Die Landflucht wirkt sich besonders drastisch in den zentralen Provinzen Soria und Teruel aus, wo die Bevölkerungsdichte zum Teil weniger als einen Einwohner pro Quadratkilometer beträgt – ähnlich wie in Alaska oder Nordkanada. Also auf Richtung Süden nach Kastilien!

Kaum haben wir auf dem Gebirgskamm die Grenze zwischen Asturien und Kastilien erreicht, ändert sich schlagartig die Landschaft. Statt dichter Laubwälder nur noch vereinzelt ein paar Pappelreihen an kümmerlichen Flussläufen. Statt grünem Blattwerk rotbraune trockene Erde, statt Kurven und Serpentinen kerzengerade Straßen. Der Blick schweift weit über die Landschaft, deren Monotonie hie und da kleine, oft heruntergekommene Dörfer unterbrechen.

Doña Ana in ihrem Ladenrestaurant in Sotres und vor ihrem Hühnerstall ◁

Mit Antonio und seinem Pick-up-Jeep unterwegs auf der Meseta nahe Caracena ▽

Schließlich queren wir den Douro, der hier oben als Rinnsal gen Westen Richtung Portugal plätschert. Auf kleinen Straßen fahren wir weiter durch wildreiche Cañons und über einsame Hochebenen in die Nacht hinein. Erst weit nach Mitternacht erreichen wir unser Ziel in der Provinz Soria: Im Vollmondlicht thront das historische Dorf Rello im Schutz seiner Stadtmauer auf einem Felssporn hoch über einer Flussschleife.

Über Generationen kamen Wanderhirten mit ihren Ziegen- und Schafherden im Sommer in dieses über 1000 Meter hoch gelegene Gebiet, das nie so stark verdörrte wie die tiefer gelegenen Landstriche. Doch die Mechanisierung der Landwirtschaft führte in dieser Agrarregion zu einem gewaltigen Exodus: Besaß Rello im Jahre 1950 noch 250 Einwohner, so leben hier heute nur noch 14 Menschen.

Spiel mir das Lied vom Tod

Am nächsten Morgen erkunden wir zu Fuß das aus Bruchsteinen errichtete Dorf. Auf einem zentralen Platz steht eine Gerichtssäule, die aus einer Kanone gefertigt wurde und aussieht, als ob sie noch vor Kurzem für arme Sünder genutzt worden sei. Sofort tauchen vor meinem inneren Auge Bilder von den Schrecken der Inquisition auf, erinnere ich mich an Goyas düstere Werke.

Plötzlich hören wir Kindergeschrei aus einer Gasse. Eine Familie aus Madrid hat hier ihr Wochenende verbracht und reist nun zurück in die Hauptstadt. So lernen wir Alfredo kennen, der hier vor 55 Jahren geboren wurde. Seine Mutter führte bis ins hohe Alter die einzige Bar des Dorfes. Als sie starb, schloss auch dieser letzte Treffpunkt seine Pforten.

Nun kommt Alfredo oft mit seiner Familie am Wochenende an den Ort seiner Jugend, um abzuschalten und nach seinen Bienenstöcken zu schauen. Bevor es zurück in die Millionenstadt geht, schenkt er mir noch ein kleines Gläschen seines selbst produzierten Honigs.

Im wilden asturischen Küstengebirge nahe der Picos de Europa schlängelt sich eine abenteuerliche Jeeppiste durch die Karstfelsen über einen 1500 Meter hohen Pass nach Süden Richtung Kastilien. Nach einem schneereichen Winter ist sie oft erst im Juni wieder befahrbar. ◁

Auf der Plaza von Caracena steht eine historische Gerichtssäule. △

Am Dorfende flattert an einer Hausmauer Wäsche auf einer Leine im Wind. Durch ein schmales Fenster sehe ich im Halbdunkel ein uraltes Ehepaar an einem kleinen Esstisch sitzen. Hoch über den Felsen kreisen Geier und über der Landschaft liegt eine Stimmung wie in einem Italo-Western.

Wir fahren mit dem Bulli eine Stunde nach Nordwesten nach Caracena, das ebenfalls aus einer Filmkulisse zu stammen scheint: In der Kopfsteinpflastergasse oberhalb der kleinen Plaza – auch hier prangt eine abschreckende Gerichtssäule – hoch zur romanischen Kirche und zur gewaltigen Festungsanlage könnte der Showdown zwischen Schurke und Held stattfinden.

Stattdessen tritt ein junger Kellner aus der Tür der einzigen Dorfbar. Antonio ist einer von fünf Menschen, die in Caracena leben – seine vierköpfige Familie und ein einzelner älterer Mann. Antonios Vater Santiago ist hier aufgewachsen, zog als junger Mann nach Madrid, malochte 14 Jahre am Flughafen und im Sägewerk und ruinierte sich dabei sein Gehör. Vor 20 Jahren ging er wieder zurück aufs Land, weil er die Hektik und den Stress der Metropole nicht mehr ertrug. Antonio, sein jüngster Sohn, hielt es nur ein paar Monate in Madrid aus. »Du kannst dort alles haben, wenn du Geld hast, aber selbst dann bleiben die Menschen unzufrieden«, resümiert er seinen kurzen Abstecher in die Großstadt. »Hier muss ich zwar eine Stunde mit dem Auto fahren, um meine Freunde zu sehen, aber ich habe die Freiheit und Natur pur!«

» *Ja, du bist mein schützender Fels, meine sichere Burg.* «

Psalm 31:4

Antonios kleine Bar lebt vor allem von Wochenendausflüglern aus Madrid. Sein Vater kümmert sich meistens um ihre 700 Schafe, die oben auf der *Meseta,* der kargen Hochfläche weiden. Wir haben Glück: Vater und Sohn müssen die Schafe auf der Meseta impfen und wir dürfen sie begleiten. Bulli »Erwin« ist zwar von Island harte Pisten gewohnt, aber Antonio rät uns eindringlich, den Oldtimer im Dorf stehen zu lassen und in ihrem Land Rover mitzufahren.

Kindskopfgroße Schlaglöcher, überall auf der Piste herumliegende Felsbrocken, ein steiler Anstieg auf feinem Schotter – das wäre mit »Erwin« nie gut gegangen! Während Santiago nach der Impfaktion die Schafe zurück auf die Weide treibt, fahren wir mit Antonio und seinem Jeep über die karge schier endlose Hochfläche in das verlassene Dorf Pozuelo.

Keine Infrastruktur, zunehmende Trockenheit, die Kleinbauern fanden kein Auskommen mehr: Die Menschen sind verschwunden, doch laut Antonio wimmelt es hier oben vor Vipern, darum ist er auf der Meseta immer in Gummistiefeln unterwegs. Mauerreste, eine Kirchenruine, ein Olivenhain, der seit Jahrzehnten nicht mehr kultiviert wird, weit in der Ferne pflügt ein Bauer seinen staubigen rotbraunen Acker. Über der leeren Landschaft spannt sich ein riesiger Himmel mit einer im Sommer gnadenlosen Sonne, die fast alles niederbrennt. Ein Bild von trauriger Schönheit.

Nueve meses infierno, tres meses invierno – neun Monate Hölle, drei Monate Winter. So lautet das Sprichwort über das harte Leben in der Provinz Soria. Wir haben die Steppe im Herzen Kastiliens kennengelernt, jetzt wollen wir mit »Erwin« auch noch in die Wüste.

Abendstimmung über dem fast verlassenen Dorf Rello in der Provinz Soria

Auf geht's in die Bardenas Reales nördlich von Zaragoza! Allerdings ist diese 500 Quadratkilometer große wüstenähnliche Erosionslandschaft menschengemacht: Sie entstand durch das rücksichtslose Abholzen der Wälder. Dennoch sind diese bizarren Canyonlands an den südlichen Ausläufern der Pyrenäen ein Refugium viele bedrohte Tier- und Pflanzenarten – auch, weil dieser Naturpark ein Gebiet umschließt, das vom Militär als Übungsgelände für Bombenabwürfe genutzt wird. Der Naturpark wurde vor einigen Jahren auf das Schussfeld ausgedehnt, aber gleichzeitig ist der Vertrag mit dem spanischen Militär trotz großer Proteste verlängert worden.

Wüstenwind und Himmelsgeschosse

Mit dem ersten Morgenlicht fahren wir über eine staubige Piste in die mystische Wüstenlandschaft aus Tafelbergen und trockenen Flussbetten, die mich spontan an das Death Valley erinnert. Kein Wunder, dass die Bardenas auch als spektakuläre Filmkulisse dienen, unter anderem in der Kultserie »Game of Thrones« und einem James-Bond-Film. Über Stunden ist kein Mensch zu sehen, herrscht absolute Stille. Schnell steht die Sonne oben am Himmel und knallt erbarmungslos auf die schüttere Vegetation.

Es ist erst Mitte Mai, aber die Luft flimmert schon vor Hitze. Plötzlich taucht vor uns mitten im Nichts ein goldglänzender Opel Manta auf wie ein Gefährt von einem anderen Planetensystem. Auf der Kühlerhaube räkelt sich eine junge Frau mit langen blonden Haaren, Strohhut und Sonnenbrille mit Posen wie auf einem Mode-Shooting! Haben wir einfach zu wenig getrunken und halluzinieren bereits? Nein, es ist keine Fata Morgana, es ist Pauline aus Toulouse, deren Freund gerade auf den nahen Schuttberg geklettert ist. Die beiden haben einen Wochenendausflug über die Pyrenäen nach Spanien unternommen. Da ihr Opel Manta und mein T1-Bulli beide 1974 »auf die Welt kamen«, gibt es genug Gesprächsstoff.

Typisch spanisches Frühstück: Pan con tomate y café con leche △
Unterwegs in der dünn besiedelten Provinz Soria, wo Antonio im Fünf-Seelen-Dorf Caracena seine Bar betreibt. ◁

Skurrile Oldtimer-Begegnung in der Wüste der Bardenas Reales unweit Tudela ▽▽

Plötzlich donnern zwei Tiefflieger über unsere Köpfe hinweg, ein paar Sekunden später hören wir aus der Ferne Detonationen. Hier wird scharf geschossen! Merkwürdig, wir sind nur auf offiziellen Pisten durch das Gebiet gefahren. Als wir kurz vor Sonnenuntergang die nördliche Außengrenze des Schutzgebietes erreichen, sind wir froh, wieder auf eine Asphaltpiste zu stoßen. Eine Panne im Schießgebiet hätte uns gerade noch gefehlt! In Carcastillo, dem ersten Dorf hinter der Wüste, legen wir einen Espresso-Stopp in einer Bar ein. »Was, ihr kommt aus den Bardenas?« fragt uns die Bedienung erstaunt. »Vier Tage lang bis morgen ist der Zugang verboten, weil das verdammte Militär mal wieder sein Übungsschießen veranstaltet!« Wir hatten in der Frühe am südlichen Eingang weit und breit kein Verbotsschild gesehen, das französische Manta-Pärchen offensichtlich auch nicht.

Auf der Fahrt nach Norden von Navarra ins Baskenland verändert sich die Landschaft im Minutentakt: Erst passieren wir Weinberge im steppenhaften Hügelland, dann wird es immer grüner, wunderschöne Laubwälder tauchen auf, die Berge ragen immer höher empor. In den Tälern schmiegen sich propere Dörfer mit baskischen Namen wie Oronz, Uztaroze und Eskaroze an die schäumenden Gebirgsflüsse – die Landschaft ähnelt einer Mixtur aus Allgäu und Schweizer Jura.

Vertraute Landschaft, fremde Namen

Auf dem Höhenzug zwischen zwei Tälern stoßen wir auf einer saftigen Almwiese auf eine große Schafherde, die zwei Schäfer bewachen. Wir kommen mit dem jüngeren, der mit seiner Duttfrisur eher einem Hipster aus der City ähnelt, ins Gespräch. Andoni ist hier oben aufgewachsen und ging dann für eine Automechanikerlehre nach Pamplona. Einige Jahre später kehrte er wieder aufs Land zurück, auch um seinem Vater Pachi zweimal im Jahr bei der großen *Trashumancia* zu helfen – dem traditionellen viertägigen Schafsauf- und -abtrieb über die Cañada. Auf diesem alten Ziehweg treiben die Schäfer ihre Herden seit Generationen im Herbst vor dem ersten Schnee von den Pyrenäen 80 Kilometer nach Süden in die Bardenas. Dort finden die Tiere im Winter noch genügend Nahrung, bevor sie im April wieder nach Norden in die Berge zurückkehren.

Wir brechen am nächsten Tag auch nach Norden auf und wollen über den Hauptkamm der Pyrenäen hinüber nach Frankreich gelangen. Eine schmale Straße führt in vielen Kurven durch dichte Buchenwälder hoch bis über die Baumgrenze. Im Schneckentempo zuckeln wir mit Bulli »Erwin« die schier endlose Steigung von 700 Höhenmetern hoch. Kurz vor der Passhöhe am Port de Larrau werden wir mit einer atemberaubenden Aussicht belohnt: Die französische Nordseite liegt unter einer dichten Nebeldecke verborgen, aus der beständig Wolkenfetzen über den Pass auf die spanische Sonnenseite schwappen. Als wir die Grenze auf der Passhöhe erreichen, prangt vor uns auf der Straße ein Eisengatter mit einem zweisprachigen Schild: *Carretera cerrada – peligro! / route barrée – danger!* Straße gesperrt – Gefahr! Gab es einen Erdrutsch? Oder sind Bauarbeiten im Gange?

Auf Schleichwegen

Zunächst ist kein Mensch weit und breit zu sehen. Doch hundert Meter hinter uns auf einem Parkplatz steht ein einsamer Camperbus, in dem wir ein baskisches Paar antreffen. Luis ist Fotograf und arbeitet gerade an einem großen Projekt über die Wälder in den Pyrenäen. Für den Auftrag ist er mit seiner Frau in der Gegend schon eine Weile unterwegs und weiß mehr über die merkwürdige Grenzsperre. Offiziell, so erzählt er uns, haben die Franzosen alle kleineren Übergänge geschlossen, um die Corona-Pandemie besser zu kontrollieren. Doch in Wahrheit sei die Grenzsicherung wegen der marokkanischen Immigranten geschehen, die seit einigen Wochen zu Hunderten über Ceuta nach Spanien kommen und meist Frankreich zum Ziel haben. Sollten wir es wagen, die gesperrte Passstraße hinunter zu fahren? Luis zufolge ist es unwahrscheinlich, dass unten im Dorf zu dieser Zeit noch die Gendarmerie kontrolliert. Wenn wir Pech haben, müssten wir mindestens 350 Euro Strafe zahlen und wären im schlimmsten Fall auch noch eine Woche in Quarantäne. Wir fühlen uns jedoch fit und meine Intuition sagt mir, wir sollten die Abfahrt in das düstere Nebelloch nach Frankreich hinunter wagen …

Uralte Zugwege ziehen sich durch das Baskenland. Andoni und sein Vater Pachi treiben ihre Schafe im Frühjahr aus den Bardenas Reales zurück auf ihre baskischen Bergwiesen nahe Jaurrieta, wir queren die Pyrenäen am alten Grenzpass Port de Larrau.

50
JAURRIETA
JAURRIETAN EZ DUGU ERASO
SEXISTARIK ONARTZEN
EN JAURRIETA NO TOLERAMOS
LAS AGRESIONES SEXISTAS

CARRETERA
CERRADA

Etappe 4
Von den Pyrenäen zur Côte d'Azur

Frankreich

Canyons, Salinen und dicke Yachten

Im Dämmerlicht schlängeln wir uns vorsichtig die 1000 Höhenmeter vom Pass durch den Nebel ins Tal hinunter. Kein Auto begegnet uns, kein Mensch weit und breit, nur ein paar Kühe, die sich auf den sattgrünen Almen zur Ruhe legen. Unten in Larrau, dem ersten Ort in Frankreich, ist es bereits stockdunkel. Selbst hier herrscht gespenstische Leere. Hinter jeder Häuserecke könnte die Gendarmerie stehen und eventuelle Grenzgänger abfangen, doch wir haben Glück – das Dorf wirkt komplett ausgestorben. Wir fahren unverzüglich weiter ins Hinterland, um gar nicht erst in den Verdacht zu geraten, soeben aus Spanien hereingeschlichen zu sein. Es ist schon fast Mitternacht, als wir endlich abseits der Straße im bewaldeten Hügelland einen geeigneten Schlafplatz finden. Doch mitten in der Nacht reißen uns die knatternden Rotoren eines Hubschraubers aus dem Schlaf – das Militär patrouilliert tatsächlich entlang der Grenze in dieser unübersichtlichen und dünnbesiedelten Bergregion.

Am nächsten Morgen ist der nächtliche Spuk fast vergessen. Schnell verdrängt die Sonne die letzten Nebelfetzen. Wir fahren in die Kleinstadt Oloron und sehen endlich wieder Leben, sehen Menschen. Anders als in Spanien trägt hier fast niemand eine Maske, aber dafür herrscht in Frankreich ab 21 Uhr eine nächtliche Ausgangssperre. Wir finden ein nettes Straßencafé und ordern – typisch französisch – Croissants, Café au Lait und einige Petit Fours, so als ob wir damit den Menschen in Oloron beweisen müssten, dass wir schon seit Wochen nur durch ihr Frankreich fahren.

Bulli »Erwin« in den Weinbergen südlich von St. Tropez zwischen Ramatuelle und Cap Camarat.

Der nahe Wallfahrtsort Lourdes, normalerweise Ziel hunderttausender Pilger pro Jahr, wirkt in dieser besonderen Zeit beschaulich, aber unspektakulär. Über schmale Bergstraßen fahren wir weiter durch das Vorland der Pyrenäen Richtung Mittelmeer. Einmal übernachten wir mit dem Bulli an einem idyllischen Weiher, an dem uns eine neugierige Steinbockherde beim Abendessen zuschaut, ein anderes Mal nahe eines typisch französischen Winterskiortes mit seinen in die Landschaft reingeklotzten Bettenburgen. Jetzt ist hier alles menschenleer, wir parken den Bulli an einer Picknickbank direkt neben dem Rollfeld für die Cessnas und Pipers, mit denen die Superreichen sich im Winter hierher einfliegen lassen.

Auf unserem Weg nach Osten stoppen wir spontan in dem reizenden Bergdorf Massat. Nach Jahrzehnten der Entsiedlung haben Dutzende junge Weinbauern und Viehzüchter der Region neues Leben eingehaucht. Das zentrale Café Massat ist auch Treffpunkt für urbane Hipster, die statt IT-Welt hier für eine Weile alternatives Landleben erfahren wollen. Eine Motorrad-Gang von älteren Herren aus Toulouse und ein paar Althippies machen die bunte Mischung perfekt. Doch die Kommunikation verläuft unerwartet holprig: Alle Gäste sprechen nur Französisch und wir befinden uns nach Wochen auf der Iberischen Halbinsel immer noch im Spanisch-Modus. Tobi hält sich wacker, mein Französisch ist dagegen radebrechend und sehr entwicklungsbedürftig. Nach einer Weile raucht mir der Kopf, ich gönne mir eine kleine Auszeit und recherchiere im Internet zu unserer weiteren Route. Dabei entdecke ich etwas völlig Skurriles: Im nahen Andorra befindet sich hoch oben auf einer einsamen Bergspitze in fast 3000 Metern Höhe ein mysteriöser T1-Bulli. Der verrostete Oldtimer liegt dort seit langer Zeit eingebettet in einen Steinhaufen wie auf einem prähistorischen Kult- oder Begräbnisplatz.

Der rätselhafte T1 in den Bergen lässt mich nicht mehr los – wir müssen unbedingt dorthin! Zunächst gönnen wir uns nach mehreren Nächten im Bulli mal wieder ein wenig Luxus und finden ein hübsches kleines Hotel in Tarascon. Guillaume, der nette Hotelier, schreibt uns für den Fall einer Grenzkontrolle eine Bestätigung mit Hotelstempel, dass wir bereits aus Frankreich kommen und für die kommende Nacht nochmals in seinem Hotel reserviert haben.

Nach Andorra, diesem nicht einmal 500 Quadratkilometer großen Zwergstaat in den Pyrenäen, kommen Franzosen und Katalanen zum Skifahren – oder zum Shoppen. Die Steueroase lockt so viele an, dass sich ihre Einwohnerzahl nach Jahrhunderten der Isolation in den letzten 50 Jahren verzehnfacht hat. So ist das zentrale Tal mit der gleichnamigen Hauptstadt mittlerweile komplett urbanisiert – eine grauenhafte Mixtur aus Potsdamer Platz, Las Vegas und Schweizer Chaletdorf. Verkehrsstau, Shoppingmeilen, Leuchtreklame überall, ein geplanter Flughafen soll in Zukunft sogar noch mehr Besucher bringen.

Doch oben in den Bergen besitzt Andorra immer noch viele unberührte Ecken mit spektakulären Aussichten. Die Piste zum geheimen Begräbnisplatz des Bullis sieht auf den Fotos sehr rustikal aus, ein bisschen wie im isländischen Hochland, darum miete ich für diesen einen Tag im Gebirge einen Allrad-Jeep. Bevor wir »Erwin« auf einem Parkplatz unten im Zentrum zurücklassen, legen wir ihm sicherheitshalber noch die Wegfahrsperre an – der Bulli soll hier im Shoppingparadies kein Mitnahmeartikel werden …

Der mysteriöse T1-Bulli im Hochgebirge von Andorra △
In den Ausläufern der französischen Pyrenäen geht es entspannt zu – ob im Hippiedorf Massat, beim Abendessen unterwegs auf dem Col d´Agnes oder bei einer Siesta auf einer Wiese nahe Lourdes. ▷

TABAC PRESSE LOTO CADEAUX
PRESSE
TABAC

La route des cols
Col d'Agnes
Alt 1570 m

» Wenn man vor dem Abgrund steht, dann ist der Rückschritt ein Fortschritt. «

Friedensreich Hundertwasser

Nach 30 Kehren und 2000 Metern Höhenunterschied endet die asphaltierte Straße an einem Eventcenter mit dem sinnigen Namen »Naturlandia«. Vor uns zieht sich eine Schotterpiste mit tiefen Spurrinnen und einer ganzen Armada aus kindskopfgroßen Steinbrocken in Richtung der spanischen Grenze. Niemals hätten wir »Erwin« hier oben wieder heil herausgebracht, er wäre wohl als zweiter T1-Bulli in den Bergen Andorras geblieben. Im Schritttempo kämpfen wir uns mit dem Jeep durch Schlammpfützen und über Geröllteppiche. Die Spuren verzweigen sich immer wieder, Wegweiser Fehlanzeige. Immerhin lichtet sich der Wald, wir gelangen über die Baumgrenze in hochalpines Gebiet.

Doch die Orientierung wird nicht einfacher, denn innerhalb von wenigen Sekunden hüllen uns dunkle Wolken ein. Regenschauer prasseln nieder, gefolgt von heftigen Windböen. Wir denken schon an Umkehr, als sich der Bergnebel wie von Zauberhand schlagartig lichtet. Auf der nächsten Bergkuppe einen halben Kilometer entfernt liegt tatsächlich der Bulli eingeklemmt zwischen Geröll und letzten Schneeresten. Ein Bergidyll mit friedlich grasenden Pferden, zwei Stuten mit ihren Fohlen, daneben der verrostete T1 umgeben von einem rituell anmutenden Steinwall – ein komplett unwirkliches Szenario. Sind hier einst Außerirdische gelandet? Vorsichtig, ja fast andächtig nähern wir uns dem von Rost überzogenen Gefährt, das uns aus seinen leeren Augenhöhlen anstarrt.

Durch den spektakulären Canyon der Gorges de Galamus windet sich ein einspuriges Sträßchen – nichts für schwache Nerven! Aufgrund der Enge ist es unmöglich, im Abschnitt der Schlucht zu wenden. Im Vordergrund steht die Eremitage von Saint-Antoine. Die Einsiedelei existiert seit dem 7. Jahrhundert.

Wie um alles in der Welt kommt der Bulli hierher? Niemand in Andorra konnte mir die Frage beantworten, erst Monate später löse ich das Rätsel per Internetrecherche: Als sich in den 1970er-Jahren in Andorra zaghaft der Tourismus entwickelte, bot eine einheimische Agentur im Sommer Tagesausflüge mit Unimog-Geländewagen ins Gebirge an. Für den Mittag war immer ein gutes Essen eingeplant, doch es gab dort oben keine einzige Hütte. Deshalb schleppte man einen der damals so gängigen T1-Bullis ohne Räder mit einem Jeep hinauf auf den Pic Negre, um ihn als Depot und Windschutz zu nutzen. Später diente der Bulli auch Berghirten als Lagerraum, seine ursprüngliche Verwendung geriet jedoch in Vergessenheit.

Vom Pyrenäengipfel in die Karstschluchten

Mehrere Stunden bleiben wir bei dem »außerirdischen« Bulli in der stillen und menschenleeren Bergwelt, blicken hinunter in den dichtbevölkerten, schon illuminierten Talschlund wie in eine andere Welt hinein. Eigentlich wären wir gerne noch länger geblieben, aber wir wollen hier oben nicht in die Dämmerung geraten. Unten in der wuseligen Stadt steht »Erwin« noch unversehrt auf dem Parkplatz. Wir tanken noch einmal günstiges Andorra-Benzin, dann zuckeln wir die Passstraße hinauf zum Grenztunnel. Wieder ist außer uns keiner mehr auf der Straße unterwegs, wo sind die ganzen Shoppingtouristen geblieben? Hinter dem Tunnel geraten wir in eine dicke Nebelsuppe, aus der die französische Zollstation schemenhaft in gespenstischem Neonlicht erscheint. Im Schritttempo nähern wir uns dem Stopp-Schild, aber es kommt niemand in die klamme Kälte heraus. Wir haben Glück, drinnen hocken die Zöllner gebannt vor einem Fernseher und verfolgen ein »wichtiges« Fußballmatch!

Zwei Tage später erreichen wir das einstige Land der Katharer, eine wilde, nur dünnbesiedelte Karstlandschaft, von tiefen Schluchten und schroffen Kalkfelsen durchzogen. Die schmalen, oft nur einspurigen Sträßchen entlang der Canyons sind nichts für schwache Nerven. Unter überhängenden Felsen und durch unbeleuchtete Tunnels schlängeln wir uns mit »Erwin« behutsam durch die spektakulären Gorges de Galamus, passieren dort eine

Autopanne mitten im winzigen Dorf Duilhac-sous-Peyrepertuse – das Kupplungsseil hängt durch! Nach endlos langem Warten ist Bulli »Erwin« auf dem Weg nach Perpignan in die Werkstatt. ◁
Im Land der Katharer westlich von Perpignan ▷

uralte, in senkrechten Fels gehauene Einsiedelei, begegnen Hirten mit ihren Schafherden – eine Zeitreise um Jahrhunderte zurück. Auch die verwunschenen Namen der Orte klingen nach Mittelalter, Minnesang und Ritterkämpfen: Pech de Bugarach, St. Paul de Fenouillet, Duilhac-sous-Peyrepertuse.

Tatsächlich spielte sich hier im 13. Jahrhundert ein schreckliches Drama ab: Gerade in Südfrankreich gab es in jener Zeit viele Katharer – Anhänger einer christlichen Strömung, die eine antiklerikale und asketische Lebensweise vertraten. Für die päpstliche Kirche stellten die Abweichler eine gefährliche und völlig neue Bedrohung dar, darum startet sie einen blutigen Feldzug: Die Katharer wurden durch die Inquisition gnadenlos verfolgt und auf Scheiterhaufen verbrannt. Das Pyrenäenvorland war ihr Rückzugsgebiet, hier fielen ihre letzten Festungen um das Jahr 1250. Die größte Katharerfestung thront auf einem Kalkfelsen oberhalb des kleinen Ortes Duilhac-sous-Peyrepertuse. Auf der Suche nach einem Café und Baguettes fahren wir durch die engen Gassen des 145-Seelen-Dorfes. Plötzlich klackert etwas Metallenes gegen den Unterboden des Bullis, im nächsten Moment hängt die Kupplung durch! Das Kupplungsseil ist zwar nicht gerissen, aber seine winzige Fixierschraube auf Nimmerwiedersehen weggeflogen. Das Schaltgetriebe geht nicht mehr in den Leerlauf, wir hängen fest und versperren den Zugang zum zentralen Dorfplatz. Wir sind mit »Erwin« direkt vor der Haustür von Madame Tata liegen geblieben.

Die elegante 91-jährige Dame mit hellwachen Augen, rosigen Wangen und gepflegtem schulterlangen Haar sitzt auf einem Schemel in ihrem schattigen Vorgarten und sieht mit Verwunderung, welch ungewöhnliche Dinge sich direkt vor ihrem Haus abspielen – einem Haus, wie sie uns bald erzählt, aus dem 15. Jahrhundert, in dem bereits ihre Großeltern gelebt haben. Vom Einkauf aus dem einzigen Dorfladen stößt ihre Freundin Madame Maya dazu, das Baguette ragt aus ihrer geflochtenen Einkaufstasche. Der rotweiße Bulli entlockt ihr spontan ein »oh, là, là!«. Tobi bereitet einen Espresso für die beiden Damen vor, ich baue das Stativ für ein gemeinsames Gruppenbild auf. Das ganze Szenario ähnelt eher einem Werbeclip über das französische Landleben. In Deutschland hätte unser Dauerparkplatz sofort missmutige Blicke geerntet, hier sind wir die Attraktion des Dorfes!

Nach drei Stunden erscheint schließlich der Abschleppwagen aus Perpignan. Wir haben Glück, denn Stéphane, der Fahrer, besitzt eine eigene Werkstatt und vor allem liebt er Oldtimer. So erlaubt er uns im Führerhaus mitzufahren anstatt gemäß den Richtlinien ein Taxi für die 70 Kilometer zu organisieren. Eben noch im Mittelalter, verbringen wir die Nacht in einem seelenlosen modernen Hotel direkt an der Autobahn unweit der Werkstatt. Am späten Vormittag

Die mittelalterliche Festung La Cité ist das Wahrzeichen der Stadt Carcassonne in der südfranzösischen Provinz Languedoc. Das Gros der Befestigungsanlagen stammt aus dem 13. und 14. Jahrhundert, aber der Ort war bereits in der Antike ein Stützpunkt der Römer.

kommt der erlösende Anruf aus Stéphanes Büro: »Erwin« ist wieder fit! Letztlich drehte sich alles nur um eine M7-Flügelmutter, mit der das Kupplungsseil wieder gespannt werden musste.

Im Labyrinth der Salzlagunen

Wir sind am Mittelmeer angekommen. Das satte Grün der Atlantikküste ist verschwunden, stattdessen passieren wir trockene sonnendurchflutete Salzwiesen und monströse Ferienanlagen mit Marinas – Urlaubsland für Millionen, doch jetzt herrscht überall gähnende Leere. Gegen Abend erreichen wir die Stadt Aigues-Mortes, die »Toten Wasser«, im Schutz ihrer komplett erhaltenen Befestigungen aus dem 13. Jahrhundert. Im Mittelalter ein wichtiger Hafen, verlor die Stadt an Bedeutung, weil die Lagune im Lauf der Jahrhunderte verlandete. Heute liegt das Meer sechs Kilometer entfernt. Dazwischen breiten sich inzwischen großflächig die Salinen aus – ein extraterrestrisch wirkendes Szenario aus strahlend weißen Salzhalden und durch Algen rötlich gefärbten Salzwassertümpeln. Plötzlich nähert sich die Gendarmerie mit vier Polizisten. Was haben wir falsch gemacht? Meine Drohne interessiert sie überhaupt nicht, sondern vielmehr die Uhrzeit. Angesichts der faszinierenden Salzlandschaft haben wir total den *couvre-feu* vergessen, die Ausgangssperre ab 21 Uhr! Mit dem Bulli-Bonus und der Zusicherung, schnellstens eine Übernachtung zu suchen, entgehen wir nur knapp einer saftigen Geldstrafe.

In der Camargue: Am Leuchtturm Faraman △
Die fremdartige Salinenlandschaft der Camargue bei Aigues-Mortes fasziniert uns über einen ganzen Tag, die Nacht verbringen wir nördlich davon in einem Kiefernwald am Rand des Luberon. ▷

SENEQUIER

Am nächsten Tag queren wir das Mündungsdelta der Rhone. Zu den Flussarmen hin ist die Landschaft eingedeicht, so dass die früher üblichen Überschwemmungen ausbleiben – die Folge sind versalzte Böden. Ansonsten sieht die Camargue genauso aus wie ihr Klischee: weiße Pferde und Stiere auf Salzwiesen, rosa Flamingos in Brackwasserlagunen, dazwischen Reisfelder und vom Himmel eine schon jetzt im Mai gnadenlos herunterbrennende Sonne.

Im Hafen von St. Tropez flanieren die Reichen und Schönen, der Clochard Raphaël verbringt die Nacht nur wenige Kilometer entfernt in seinem Art Car in einer Tiefgarage. ◁
An den Bergen des Esterel zwischen Saint-Raphaël und Cannes liegt der schönste Abschnitt der Küstenstraße entlang der Côte d´Azur. ▷

Hinter der geschützten Deltalandschaft jenseits der Rhone-Fähre erstreckt sich bereits die Gegenwelt mit den weitläufigen Industrieanlagen des Hafens von Marseille. Zwischen Raffinerien und Erdöltanks wollen wir nicht übernachten, daher fahren wir in der Dämmerung noch bis an die Kalksteinfelsen des Luberon-Gebirges und finden ein ruhiges Plätzchen in einem Olivenhain. Noch einsamer geht es im Massif de Maures zu, dem dicht bewaldeten Küstengebirge oberhalb von St. Tropez. Durch unzählige Kurven schlängeln wir uns mit »Erwin« an Pinien, Kiefern und Esskastanien vorbei. Auf der Passhöhe erreichen wir im pittoresken, chic herausgeputzten Ort La Garde-Freinet die Ausläufer der Goldküste: An den Südhängen liegen die mondänen Villen der Reichen auf der Sonnenseite des Lebens eingebettet zwischen Wald und Weinbergen mit traumhafter Aussicht auf die nahe Cote d´Azur.

Ein paar Stunden später stoßen wir auf eine Gegenwelt im Untergrund: In der Tiefgarage des Carrefour-Supermarkts von Cavalaire-sur-Mer parkt ein Citroën, dessen metallene Außenhaut

komplett mit farbenfrohen Gleichnissen und Zitaten aus der christlichen Glaubenswelt verziert ist – ein beeindruckendes Objekt, das man eher in einer Kunstausstellung oder einem »Art Car Museum« erwarten würde. Aber wem gehört das fantastische Mobil? Wir warten eine Stunde, wollen schon weiterfahren, da es bereits dämmert, als auf einmal ein Althippie mit hüftlanger Rastamähne und Stirnband auftaucht. Der Schöpfer dieser naiven Kunst ist ein Clochard, ein Obdachloser! Raphaël erzählt uns mit ausladenden Gesten seine Lebensgeschichte, wie er 20 Jahre auf der Straße lebte, im Drogensumpf landete und sich schließlich aufraffte, den Jakobsweg zu pilgern. Auf diesem langen Weg der Selbstreinigung sei er von Jesus bekehrt worden, darum die christlichen Botschaften auf seinem Auto, das er von einem barmherzigen Spender in Cavalaire als Obdach geschenkt bekommen hat. Tagsüber bettelt er und teilt das Geld mit anderen Clochards, die Nacht verbringt er mit Erlaubnis des Supermarktchefs in der Tiefgarage in seinem Citroën. Doch gefahren hat Raphaël sein ausdrucksstarkes Vehikel noch keinen einzigen Meter, da sein Führerschein seit 20 Jahren nicht mehr gültig ist und er für eine Aktualisierung bei den Behörden einen festen Wohnsitz vorweisen müsste.

Während Raphaël sich jeden Abend mit seinem Hund in sein drei Quadratmeter großes Domizil zurückzieht, findet am nahen Kai von St. Tropez ein Schaulaufen der Reichen und Schönen statt. Hier drängen sich die Luxusyachten des Geldadels, gilt »sehen und gesehen werden«. Junge blonde Frauen im Gucci-, Prada- und Chanel-Look an der Seite von Männern, die ihre Väter sein könnten. Die entsprechenden Luxusboutiquen reihen sich im kleinen Zentrum aneinander, trotzdem hat der High-Society-Ort mit seinen ockerfarbenen Häusern viel von seinem südfranzösischen Charme bewahren können.

Ganz anders begrüßt uns Monaco zwei Tage später: Durch ein Labyrinth von Tunnels und enge Straßenschluchten gelangen wir hinunter zum Hafen. In der Marina ankern dicht an dicht die Yachten der Scheichs und der Oligarchen, davor parken Ferraris und Lamborghinis, wir mit Bulli »Erwin« provokant dazwischen, aber alles wirkt hier kalt und seelenlos im Gegensatz zu St. Tropez. Hongkong an der Côte d'Azur. Keine netten Hafenrestaurants, keine Atmosphäre, wir sehen nur ein verlorenes Häuflein Jugendlicher in einem Fitnesspark und ein paar Wachleute vor den Millionärsyachten. Also gleich weiter nach Italien!

Drahtseilakt an der Grenze

Kühn windet sich die Küstenautobahn über Brücken und Tunnels Richtung Ligurien. Es dämmert bereits, als wir auf die Grenze zufahren. Auch jetzt noch donnern Schwärme von LKWs mit überhöhter Geschwindigkeit über die hoch über den Tälern schwebenden Brücken. Kein Terrain für Angsthasen: Die winzigen Geländer sind nur kosmetischer Natur, Standstreifen fehlen komplett – bloß jetzt keine Panne hier! Aus der gleißenden Tunnelbeleuchtung geht es wieder hinaus in die Nacht auf eine weitere schmale Stelzenbrücke. Autostrada dei Fiori – Autobahn der Blumen heißt sehr poetisch die Schnellstraße über der ligurischen Blumenküste. Doch statt Blumen tauchen plötzlich schemenhaft Gestalten aus dem Nichts auf, tasten sich im Stockdunklen am Brückengeländer entlang – afrikanische Flüchtlinge auf dem Weg Richtung Frankreich. Um ein Haar hätten wir den ersten aus der Gruppe gestreift, ich reiße gerade noch das Lenkrad herum. Willkommen in Italien!

Die Skyline von Monaco liegt tief unter der französischen Autobahn A8, auch »La Provençale« genannt – so tief, dass das Klettern auf der Parkplatzbrüstung verboten ist. △

Ausblicke auf das mittelalterliche Dorf Èze Village mit dem Cap Ferrat und auf die ligurische Küstenautobahn bei Imperia sowie ein Einblick in die Bulli-Szene bei einem zufälligen Treffen an der Croisette in Cannes. ▷

Etappe 5
Von Ligurien ins Piemont

Italien

Ein widerspenstiges Dorf, ein wiedererwecktes Tal

Monaco kennt jeder, Seborga nur Insider. Dabei sieht sich das kleine Dorf hoch über der ligurischen Küste ebenfalls als selbstständiges Mini-Fürstentum. Ein findiger Dorfbewohner, der Blumenzüchter Giorgio Carbone, hatte in den 1960er-Jahren nach intensiven historischen Recherchen herausgefunden, dass der Vertrag, mit dem das 14 Quadratkilometer kleine Fürstentum im 18. Jahrhundert an das damalige Königshaus Savoyen verkauft werden sollte, nie offiziell registriert wurde. So tauchte Seborga später weder im Vertrag zur Gründung des Italienischen Königreichs 1861 noch der Italienischen Republik im Jahr 1946 auf. Somit gehört das Bergdorf laut seinen 300 Bewohnern, die sich selber »Seborghini« nennen, nach wie vor nicht zu Italien. Sie waren von dieser Perspektive so begeistert, dass sie Giorgio im Jahre 1995 zu ihrem ersten Staatsoberhaupt wählten. Als der Blumenzüchter 2009 starb, folgte der Bauunternehmer Marcelo auf seinen Thron. 2019 wählten die »Seborghini« seine beliebte, inzwischen von ihm geschiedene deutsche Frau Nina zum Staatsoberhaupt.

Wir wollen die neue Fürstin in Seborga treffen. Serpentine für Serpentine schleppt sich unser Bulli die schmale Gebirgsstraße hoch, vorbei an uralten Olivenhainen, Pinien und Ginsterbüschen. Plötzlich taucht zur Rechten ein blau-weißes Wachhäuschen auf – die seborghinische Grenzkontrolle! Ein älterer Herr schreitet mit blauer Baskenmütze, Sonnenbrille, gepflegtem Bart und schicker Uniform auf uns zu und kontrolliert unsere Papiere. Der Grenzwächter stellt sich als Signore Secondo Messali vor, Comandante und einziges Mitglied der fürstlichen Garde. Zuvor war der Mittsechziger auch schon Innen-, Finanz- und Premierminister des Fürstentums.

Die Straße endet an der Piazza des Dorfes, dahinter erstreckt sich Seborgas mittelalterlicher Kern mit alten Häusern aus Bruchsteinmauern und roten Ziegeln – ein Labyrinth aus Gässchen. Wir parken den Bulli auf dem Dorfplatz vor der einzigen Bar. Von Barbesitzer Cristiano hören wir, dass Seborgas Staatsoberhaupt Fürstin Nina I., oder »la principessa«, wie sie von den Untertanen liebevoll genannt wird, momentan nicht im Lande weilt, sondern wegen Corona in ihrer Allgäuer Heimat festsitzt. Dafür fährt plötzlich der Premierminister mit seinem Land Rover auf der Piazza vor und hält für einen Espresso in Cristianos Bar neben Bulli »Erwin«.

Eine Stunde später sitzen wir bereits für ein informelles Gespräch in seinem Büro: Mauro Carassale arbeitet normalerweise als Immobilienmakler, für offizielle Anlässe wie auch für unser Treffen rückt er das Porträt der »principessa« auf seinem Schreibtisch zurecht und deckt seine Immobilienangebote ab. »Wir haben Vertretungen in vielen Ländern, sogar in Elfenbeinküste und den USA, wir haben eine eigene Währung geprägt, den Luigino, er wird sogar an der New Yorker Börse gehandelt. Ein Luigino entspricht sechs Dollar!« Wir erfahren, dass es sogar blauweiße seborghinische Autokennzeichen gibt – im Souvenirshop. Legal dürfen sie allerdings nur in mindestens 20 Zentimeter Abstand zu den offiziellen italienischen Nummernschildern angebracht werden. Der Premierminister ist zuversichtlich, dass die Fürstin in einer Woche wieder mit ihren Untertanen vereint sein wird. Immerhin sehen wir schon einmal die fürstliche Krone: Sie ist vor der durch Corona verschobenen Krönungszeremonie im Souvenirshop von Seborga ausgestellt, der Haupteinnahmequelle des selbsternannten Mini-Fürstentums.

Drama pur: Die Ligurische Grenzkammstraße kurz vor dem Colle della Boaria in den Seealpen

» Achte auf das Kleine in der Welt, das macht das Leben reicher und zufriedener. «

Carl Hilty

In einer Woche wollen wir wieder in Seborga vorbeischauen, doch nun begeben wir uns erst einmal auf einen besonderen Trip hoch in die Seealpen. Oben am Tende-Pass verläuft an der Grenze zwischen Frankreich und Italien die Ligurische Grenzkammstraße, die vielleicht imposanteste Bergpiste der Alpen. Der direkte Weg dorthin schlängelt sich hoch durch das wilde Tal der Roya, in dem mittelalterliche Dörfer wie Adlernester am Hang kleben. Zunächst führt die Route zurück nach Frankreich und oben am Tende-Tunnel wieder hinein nach Italien, denn die Auffahrt zur alten Passhöhe und der dortigen Grenzkammstraße verläuft über die italienische Seite.

Allerdings wechselte der Grenzverlauf hier oben seit dem 19. Jahrhundert mehrfach: Ursprünglich italienisch besiedelt, fiel das Tal 1860 an Frankreich – mit Ausnahme der beiden am höchsten gelegenen Bergdörfer La Brigue und Tende. Deren Bewohner votierten 1947 schließlich auch in einer Volksabstimmung für die Zugehörigkeit zu Frankreich.

Diese Jahrhunderte alte Handelsroute zwischen Turin und Nizza über den 1900 Meter hohen Col de Tende wurde bereits 1882 durch den ersten Straßentunnel unter einem Alpenpass modernisiert. Wegen des wachsenden Verkehrs begannen 2014 die Arbeiten an einer zweiten Tunnelröhre. Der neue Tunnel wäre längst fertiggestellt, doch bei einer Inspektion fiel auf, dass große Mengen des georderten Stahls von der italienischen Baufirma nicht verarbeitet, sondern weiterverkauft worden waren. Zwei Dutzend Mitarbeiter des Unternehmens sitzen mittlerweile wegen Betrug im Gefängnis. Und der gesamte Autoverkehr rollt immer noch als Kolonne einspurig in halbstündigem Wechsel durch den in die Jahre gekommenen, kaum beleuchteten Tunnel.

Bulli »Erwin« als Gipfelstürmer

Auf der italienischen Seite schleichen wir mit meinem Bulli Kehre um Kehre hoch auf den alten Pass, der bereits oberhalb der Baumgrenze liegt. Kurz vor dem Kamm tauchen eine Bar, ein Souvenirshop und ein riesiger Parkplatz auf. Am Wochenende kommen die Städter aus Turin und Mailand in Scharen hierher, jetzt unter der Woche herrscht gähnende Leere. Die allermeisten interessieren sich für die monströsen Festungsanlagen aus dem 19. Jahrhundert, die das italienische Militär bis in die faschistische Mussolini-Zeit nutzte. Mit dem Friedensvertrag 1947 fielen die Gebirgsforts an Frankreich und wurden unnötig – genau wie die zuvor rein militärische Ligurische Grenzkammstraße, die sich als schlaglochübersäte Schotterpiste von hier aus zunächst nach Osten windet. Oberhalb einer im Sommer verlassenen Seilbahnstation wird die Piste richtig rustikal: Vor uns liegt eine heftige Steigung mit drei Kehren, tiefen Spurrinnen und tückischem Schotter. Als ob das nicht schon reichte, muckt plötzlich der Anlasser des Bullis auf. Liegt es etwa an den 2000 Höhenmetern? Jetzt lieber umdrehen? Aber es sind nur noch wenige Kilometer bis zum spektakulärsten Teil der Kammstraße kurz vor dem Colle della Boaria. Dort führt die Piste über einen schmalen Grat auf eine Spitzkehre hinab, hinter der ein mehrere hundert Meter tiefer Abgrund lauert.

Das einzige Mitglied der fürstlichen Garde von Seborga arbeitet sporadisch auch als Grenzkontrolle. ◁
Abendlicher Blick über Seborga und die Rivieraküste Richtung Frankreich; Seborgas Premierminister Mauro in seinem Büro; Fürstin Nina, Seborgas Oberhaupt, nach einem Ausritt ▷

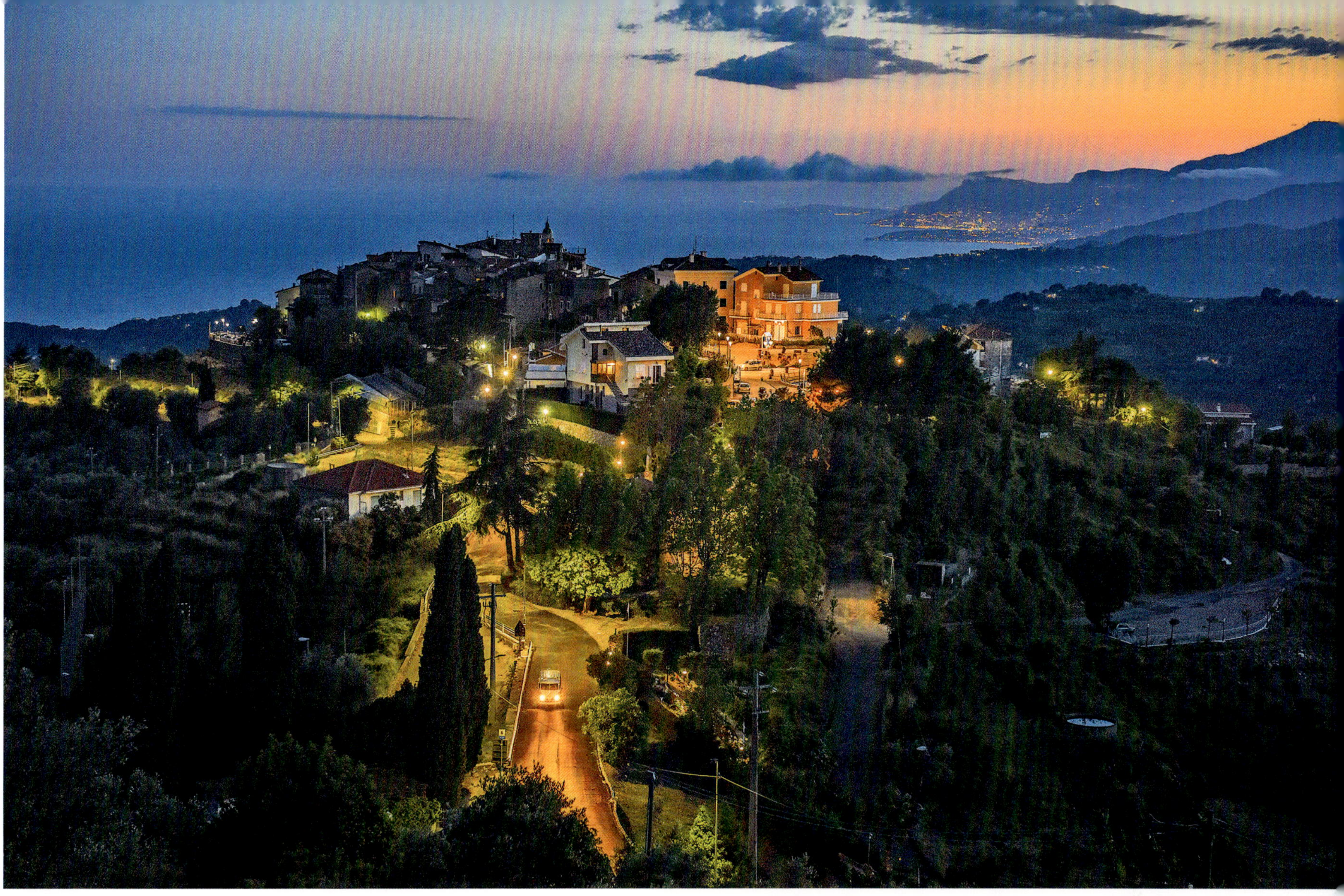

» Als schließlich der Vollmond durch die Nebelschleier bricht, ist der Zauber des Augenblickes unbeschreiblich. «

Peter Gebhard

Wir sind die einzigen Menschen weit und breit, tief unten in den italienischen Tälern gehen die ersten Lichter an. Es dämmert schnell, darum schlagen wir unser Bulli-Nachtquartier direkt am Pass auf. Am Hang unter uns leuchtet ein Wiesenteppich aus Alpenrosen und Enzianen im letzten Gegenlicht, von der französischen Seeseite her kriechen Nebelschwaden wie von Geisterhand gelenkt zu uns empor. Als schließlich der Vollmond durch die Nebelschleier bricht, ist der Zauber des Augenblickes unbeschreiblich. Ungezählte Minuten halten Tobi und ich trotz des zubereiteten Abendessens einfach inne, wagen kaum zu sprechen, um die Magie des Momentes nicht zu zerstören. Plötzlich empfinde ich eine gewisse Demut vor der Schöpfung und verstehe, warum viele Religionen Naturgötter verehren.

Übernachtung auf über 2000 Höhenmetern am Colle della Boaria – ein echtes Bulli-Abenteuer!

Trotzdem schlafe ich unruhig, weil der schwächelnde Anlasser mir Sorge bereitet. Die Piste der Ligurischen Grenzkammstraße endet zumindest für vierrädrige Vehikel nach einigen Kilometern als Sackgasse, aber nur in diese Richtung können wir den Bulli rollen lassen. Schon frühmorgens prüfe ich die abschüssige, extrem ausgewaschene Piste. Auf der 400 Meter langen Strecke bergab haben wir genau drei Möglichkeiten, zu drehen. Wie befürchtet springt der Bulli überhaupt nicht an, wir schieben ihn gemeinsam in die Startposition. Der Wagen rollt los, ich spring hinein und versuche im zweiten Gang den Motor zu starten. Nichts passiert. Zack, habe ich den ersten Wendepunkt bereits verpasst. Noch zwei weitere Versuche auf der Schlaglochpiste, immer noch kein Lebenszeichen, noch 150 Meter bis ganz unten. Dann, kurz vor der zweiten Ausbuchtung, springt »Erwin« tatsächlich an – das war verdammt knapp! Wir hätten sonst ein Riesenproblem gehabt, denn hier hoch ins Nirgendwo käme auch kein Abschleppdienst, höchstens ein Allradjeep hätte uns irgendwann herausziehen können.

Nur wegen Fürstin Nina aus dem Allgäu fahren wir noch einmal durch das Royatal hinunter an die Mittelmeerküste, Premierminister Mauro gibt uns telefonisch grünes Licht. Bei der Abfahrt muckt mein T1-Bulli nicht mehr auf, doch am Ziel auf der Piazza von Seborga macht »Erwin« schlapp. Der neue Anlasser ist endgültig hinüber – und es ist Samstagnachmittag. Doch in Seborga kennt jeder jeden: Barbesitzer Cristiano ruft Giorgio an, den lokalen Automechaniker.

Eine halbe Stunde später braust ein junger Mann mit seinem Pickup auf die Piazza, auf dem Beifahrersitz hockt eine riesige dänische Dogge. Giorgio, der eigentlich Gheorge heißt und aus Rumänien kommt, sieht den schönen alten Bulli und freut sich. Dann holt er sein Werkzeug, robbt unter den Wagen und schafft es tatsächlich, das defekte Teil trotz der klaustrophobischen Enge auszubauen. Wie gut, dass wir den alten Anlasser zur Sicherheit noch im Gepäck dabeihaben! Danach spendiere ich in Cristianos Bar ein paar Runden zu Ehren der rumänisch-italienisch-deutschen Freundschaft.

Ein ligurisches Märchen

Fürstin Nina empfängt uns nicht in ihrem Regierungspalast, sondern ganz leger auf ihrem Bauernhof unterhalb des Dorfes. Die sympathische Allgäuerin erzählt uns, wie sie vor 18 Jahren zunächst wegen der Tiere nach Seborga kam. An ihrem damaligen Wohnsitz Monaco, wo sie eine Immobilienagentur leitete, gab es weder Wiesen noch Gärten. Für ihren Traum vom Leben auf einem Bauernhof zog sie mit ihrem italienischen Mann Marcelo nach Seborga. Neun Pferde, eine Handvoll Hunde, eine Ziege und ein vietnamesisches Warzenschwein tummeln sich mittlerweile auf dem Anwesen.

Zunächst fand Nina die Geschichte mit der Unabhängigkeit des kleinen Dorfes ganz witzig. Doch als ihr heutiger Ex-Mann 2009 per Volksabstimmung zum Fürsten gekürt wurde, wurde es Ernst: Sie

übernahm neun Jahre lang das Außenministerium – eine gute Wahl für Seborga, denn Nina spricht vier Sprachen fließend. Als Fürst Marcelo schließlich abdankte und wegzog, war sie so populär geworden, dass sie 2020 mit zwei Dritteln der stimmberechtigten Dorfbewohner zum Oberhaupt gewählt wurde. Mit Charme und Ausdauer engagiert sie sich mit ihrem kleinen Team für die Unabhängigkeit, ging mit der Sache sogar vor den Europäischen Gerichtshof in Luxemburg, doch die Klage wurde zunächst abgeschmettert.

Fürstin Nina gibt jedoch nicht auf. »Wir haben gute Anwälte und kämpfen weiter! Notfalls gehen wir dafür bis vor den Europäischen Gerichtshof für Menschenrechte in Straßburg«, erklärt sie uns. Vordergründig mag das Ganze als clevere Marketingstrategie erscheinen, doch es geht ihr und den Bewohnern Seborgas auch um das Überleben des Ortes mit seinen dörflichen Strukturen. Viele Dörfer im Hinterland Liguriens sind längst verödet, noch dramatischer verlief die Entwicklung jenseits der Alpenhauptkamms im Piemont. Dort wanderten in einigen Tälern im 20. Jahrhundert prozentual so viele Menschen ab wie nirgendwo sonst in Mitteleuropa. In manchen Gemeinden lebt nur noch weniger als ein Zehntel der Bevölkerung von 1900. Als *buco nero*, als schwarzes Loch, wird die Situation in den entlegenen Nachbartälern Varaita, Maira, Grana und Stura bezeichnet. Wir wollen zunächst ins hintere Valle Maira fahren, dessen Bevölkerungsdichte mittlerweile auf einen Einwohner pro Quadratkilometer geschrumpft ist. Nach einer Stunde Kurbelei auf kurviger Strecke öffnet sich das enge Valle Maira am Talschluss. Zwischen Wiesen und ein paar letzten Lärchen eingebettet liegt auf fast 1700 Metern Höhe das Dorf Chiappera. Hier scheint die Zeit um das Jahr 1900 stehen geblieben zu sein: zwei Dutzend Bruchsteinhäuser mit Schindeldächern aus Schieferplatten, im Zentrum die Kirche mit Glockenturm und mittelalterlichen Fresken. Im Hintergrund ragt die gewaltige Felsnadel des Torre Castello wie eine archaische Steinantenne für den Kontakt mit außerirdischen Wesen in den Berghimmel. Es ist Ende Mai, noch hat die Wandersaison nicht begonnen.

Neben dem ehemaligen Schulgebäude treffen wir Eraldo und Francesca beim Umbau von Francescas elterlichem Anwesen in ein Gästehaus. Wir nehmen ihre spontane Einladung in die gemütliche Küche an. Bei Alpkäse, Panini und einem kräftigen Rotwein erzählt uns Francesca aus ihrer Jugend: wie sie in den 1970er-Jahren zu den letzten Kindern gehörte, die die Schule von Chiappera besuchten, wie sie manchmal wochenlang im Winter durch meter-

Starke Menschen: Lorella, Wirtin in Elva, Giorgio, Mechaniker in Seborga mit seinem vierbeinigen treuen Begleiter und Pascal, Wirt im Roya-Tal, der auch eine Tankstelle besitzt

hohen Schnee abgeschnitten vom Rest der Welt lebten, wie die Männer des Ortes nach starken Schneefällen in Zehnerbrigaden, den Dezinen, einen schmalen Hohlweg talabwärts nach in das nächste Dorf Saretto freischaufelten. Der allerletzte Bewohner war in den 1980er-Jahren ein alter Mann, der Jahrzehnte bei Fiat in Turin malocht hatte und an den Ort seiner Kindheit zurückkehrte. Dann war das Dorf menschenleer, Sträucher und Bäume wucherten kreuz und quer, die Feldterrassen versteppten.

Rettung in letzter Sekunde

Um die gleiche Zeit kam eher zufällig eine junge Rheinländerin namens Maria Schneider mit ihrem österreichischen Mann in das Valle Maira. Sie verliebten sich sofort in das fast völlig entleerte Tal. Zunächst gründeten sie eine Sprachschule, später ein Kulturzentrum mit Bibliothek, Schlafsälen und Seminarräumen in einem fast verlassenen Weiler. Sie hatten die Idee, die alten Fußpfade, Maultierwege und Militärsträßchen neu zu beleben und durch einen Rundweg miteinander zu verbinden. Das rührige Paar überzeugte viele Einheimische vom Konzept des sanften Tourismus und so leben alte Anwesen wie auch bei Eraldo und Francesca als einfache neue Wanderunterkünfte, sogenannte *posti tappa*, wieder auf. Zwar ist die Bevölkerungsstruktur noch prekär, aber der Tiefpunkt scheint dank der Vision zweier Menschen überwunden: Immer mehr Besucher entdecken entschleunigt die unberührte Schönheit der Region.

Abends in den schmalen Gassen von Seborga △
Späte Ankunft in Chiappera im oberen Valle Maira. Das über Jahrzehnte verlassene und nun wiederbelebte Bergdorf liegt ganz am Ende des piemontesischen Tales auf über 1600 Höhenmetern. ▷

PB ON 5 H

Wir machen uns am nächsten Tag in die Berge auf. Die kleine, ziemlich heruntergekommene Straße durch den Canyon hoch nach Elva ist eine Herausforderung: Wir queren unbeleuchtete Tunnel, überall droht Steinschlag, kindskopfgroße Brocken liegen mitten auf der mürben Asphaltdecke, senkrecht steigen die gefalteten Berge empor. Vor dem Ersten Weltkrieg lebten hier oben auf 1600 Metern Höhe auf verstreuten Berghöfen 1300 Menschen, jetzt sind es gerade noch 100. Ab Ende des 19. Jahrhunderts blühte Elva durch einen ganz besonderen Berufszweig auf, die Haarsammler oder Caviè. Sie zogen als Wanderarbeiter durch ganz Norditalien, fanden den bei den Perückenmachern begehrten Rohstoff bei Mädchen und Frauen in den noch ärmeren Bergregionen im italienischen Nordosten. Aus der schieren Not heraus ließen sie sich ihre Haarpracht abschneiden, die an die reiche Kundschaft nach Paris, London oder New York weiterverkauft wurde. Das Gewerbe verschwand in den Nachkriegsjahren mit dem Siegeszug der billigeren Kunsthaarperücken und genauso verschwanden die Menschen aus den Bergen und Tälern Piemonts. Die Plackerei auf den kargen kleinen und oft steilen Parzellen warf zu wenig ab, da lockte ein gesichertes Einkommen unten in der Po-Ebene bei den Fiat-Werken in Turin oder bei Michelin in Cuneo.

Hinter dem Weiler Elva steigt die erst 1956 erbaute Passstraße zum Colle di Sampeyre auf fast 2300 Metern Höhe. Ein fast wehmütiger Abschied vom Valle Maira, aber ein traumhafter Platz zum Übernachten: hinter uns die grandiose Alpenkulisse, über uns der leuchtende Sternenhimmel, tief unter uns in der Po-Ebene das andere Lichtermeer der Zivilisation. Das schwarze Loch kann paradiesisch schön sein.

Im Valle Maira: Oberhalb von Stroppo
Die wilde Straße hoch nach Elva; Francesca und Eraldo gehören zu den Menschen, die das Bergdorf Chiappera zu neuem Leben erweckt haben. ▷

MADONNA DEL VALLONE
PROTEGGI IL VIANDANTE
AVE MARIA

Etappe 6
Vom Comer See auf die Hochalm

Schweiz

Ein Leben für die Berge

Einen Tag lang tauchen wir in den unablässigen Verkehrsstrom der norditalienischen Asphaltarterien ein. Es gibt nichts Außergewöhnliches von der Fahrt quer durch die monotone Po-Ebene zu berichten: Vorbei an den wuchernden Wohnghettos und Industrieflächen der Metropolen Turin und Mailand, vorbei an Bewässerungskanälen, weitflächigen Reis- und Maisfeldern, bleibt in der Erinnerung nur ein skurriles Mobilitätsritual übrig: »Introdurre prima il biglietto poi la tessera!« »Führen Sie zuerst das Ticket ein, danach ihre Geldkarte!«, schallt an jeder Mautstation eine metallene weibliche Stimme aus dem Automaten. Doch das blaue Monstrum blinkt an mindestens drei Schlitzen gleichzeitig. Wo das Ticket korrekt einführen? Kein einziges Mauthäuschen ist besetzt. Und schon wieder plärrt die Automatenstimme ungeduldig. Irgendwann haben wir die Prozedur begriffen und das Ungetüm öffnet eine Klappe, in die das Wechselgeld hineinklackert. Beim Gedanken an täglich Tausende von Händen, die in die bakterienverseuchte Schale greifen, um ihr Rückgeld zu entnehmen, lasse ich dort lieber die paar Münzen zurück. Die Opfergabe wirkt: Wir gelangen mit Bulli »Erwin« trotz einiger haarsträubender Brems- und Überholmanöver gestresster Mailänder unversehrt aus der Verkehrskampfzone heraus.

Oberhalb von Promontogno im Bergell liegen die ehemalige Villa der Baronesse von Castelmur, eine mittelalterliche Kirche und eine Burg aus dem 14. Jahrhundert – ein Hauch von Hogwarts!

Schließlich haben wir die frühsommerliche stickige Hitze rund um die Ballungsgebiete hinter uns gelassen. Endlich wieder in den Bergen! Hinter Chiavenna nehmen wir nicht den Weg über die 60 Kehren des Splügenpasses in die Schweiz, sondern tuckern ostwärts Richtung Engadin. Nach ein paar Kilometern taucht unvermittelt die Grenze auf, die hier nicht über einen Pass, sondern mitten durch das Tal verläuft. Eben noch säumten Palmen die Uferpromenade am Comer See, jetzt funkeln uns eis- und schneebedeckte, fast 4000 Meter hohe Gipfel entgegen. Hier im südöstlichen Winkel der Schweiz liegt das Bergell oder Bregaglia, zu dem gerade mal sechs uralte Bergdörfer mit engen Gassen zwischen oft schindelbedeckten Steinhäusern gehören. Dazwischen ragt als architektonischer Findling das Belle-Époque-Hotel Bregaglia heraus, in dem sich zu Beginn des Alpentourismus wohlhabende Italiener auf dem Weg nach St. Moritz einquartierten.

Spurensuche zwischen Alpen und Mittelmeer

Abseits der Hauptstraße entdecken wir oberhalb von Vicosoprano einen traumhaft schönen Campingplatz. In der Vorsaison arbeitet hier noch kein Personal, aber man darf bereits die Einrichtungen nutzen. Außer uns stehen noch zwei Camper in einer Ecke des weitläufigen Geländes, doch Menschen sehen wir weit und breit nicht. Stattdessen blicken wir über sanfte Blumenwiesen auf die schroffen, immer noch tief verschneiten Felszinnen von Piz Badile und Piz Cengalo. Dass wir in der Schweiz und nicht mehr in Italien sind, erkennen wir schnell: Die Grünflächen sind frisch gemäht, die sanitären Anlagen tipptopp und morgens um 7 Uhr kommt schon die kommunale Abfuhr, um die Mülleimer und Papierkörbe des Campingplatzes nach Vorschrift zu leeren. Ich spreche den Müllmann auf seine schöne Heimat und besondere Persönlichkeiten an.

»Ihr müsst unbedingt zu Arturo Giovanoli nach Promontogno, das ist ein Teufelskerl. Keiner kennt unsere Berge so gut wie er!« Zwei Stunden später fahren wir mit dem Bulli den Feldweg zu Arturos ungewöhnlichem Wohnsitz hoch. Auf einem Felsriegel oberhalb des Dorfes thront ein merkwürdiges Dreierensemble: eine mittelalterliche Kirche, eine Burg aus dem 14. Jahrhundert und direkt darunter eine spätklassizistische Villa, der einstige Wohnsitz der Baronesse von Castelmur. Der Ort besitzt eine seltsam mystische Aura – ein Hauch von Harry Potters Zauberschule Hogwarts umgibt das noble Anwesen mit seinen Spitzgiebeln und Türmchen. Die Haustür steht offen, den Hausherren entdecken wir erst nach einer Weile zwischen Gebüsch und Felsen, wie er mit schnellen Schritten und flinken Bewegungen ein paar Brcnnnesselbüschel für einen Salat zusammenklaubt. Ein schlanker, drahtiger Mann mit wachen Augen und vollem Haar, dem man auf den ersten Blick seine 71 Jahre nicht ansieht. Mein T1-Bulli zaubert Arturo ein Lächeln ins Gesicht, in dem das Leben in den Bergen tiefe Furchen hinterlassen hat. Er bittet uns in sein geheimnisvolles Haus. Weit komme ich nicht, denn im Flur bleibe ich an einer großen Wandkarte vom Patagonischen Inlandeis im Süden Südamerikas hängen, eines von Dutzenden Erinnerungsstücken an seine Expeditionen. So kommen wir direkt ins Gespräch.

Vom Bergell nach Patagonien

1993 wollte Arturo mit dem Tessiner Bergsteiger Franco Dellatorre zu Fuß den Hielo Continental der Länge nach durchqueren. Irgendwo im Eis dieses weltweit größten Gletschergebiets jenseits der Polkappen ging ihnen wegen dauerhaft schlechten Wetters der Proviant aus. Sie kämpften sich ohne Verpflegung in 17 Tagen durch Schneestürme aus der Eishölle zurück. Mehrfach wurden sie eingeschneit, mussten sich wieder ausgraben, aßen Kartonreste, Papier und Teebeutel und schlossen schon mit dem Leben ab. Als es nach 16 Tagen endlich aufklarte, konnten sie sich mit allerletzter Kraft nach Osten an den Ausgang des Upsala-Gletschers schleppen und so vor dem Hunger- und Erfrierungstod retten.

Charmantes kleines Lebensmittelgeschäft in Soglio, Bergell; In Promontogno steht noch das wunderbare Belle-Époque-Hotel Bregaglia von 1876 aus der Pionierzeit des Tourismus. ◁ **Das Dorf Hinterrhein** ist die älteste Walsersiedlung Graubündens. Wenige Kilometer westlich liegt die Quelle des Hinterrheins. ▷

Fast hätten wir uns damals auf dem patagonischen Inlandeis treffen können. Ein paar Wochen später war ich mit argentinischen Freunden beim Versuch gescheitert, die patagonischen Bergikonen Fitz Roy und Cerro Torre über das Eis zu umrunden. Wir mussten damals nur vier Tage unterhalb des Paso del Viento ausharren, dann kehrten wir jedoch wegen des heranziehenden nächsten Schneesturms sicherheitshalber wieder um.

Arturo war in seinem Leben schon mehrfach an der Grenze. »Ho visto la morte« – »Ich habe den Tod gesehen«, erwähnt er immer wieder bei seinen Erzählungen. Auch an seinem Hausberg, dem Pizzo Badile. Dort geriet er in den 1970er-Jahren als junger Bergführer in der berüchtigten Nordostwand mit einer Alpinistin in ein schweres Gewitter, zog die Frau am Seil mit aller Kraft hoch bis auf den Grat, wo sich jedoch die Blitze entluden. Der Pickel im Rucksack sirrte, Steine flogen durch die Luft, er erhielt einen mächtigen elektrischen Schlag, doch schließlich brachte er sich und seine Begleitung sicher ins Biwak. Geschichten über Geschichten.

Während Arturo in seiner gemütlichen Küche den Ofen mit Holzscheiten befeuert und einen Tee aus Nussblättern aufsetzt, schildert er, wie ihn nach seiner Schulzeit als jungem Viehhirten die Ziegen das Klettern lehrten. Immer wieder musste er sie aus steilen Flanken und von exponierten Felsnasen zum Melken herunterholen.

Mit der Bergwelt verheiratet

Die Berge wurden seine Obsession, bereits mit 21 Jahren bestand er die Prüfung zum Bergführer. Im heimatlichen Bergell kannte Arturo bald jeden Gipfel, jede Route, dann trieb es ihn in die Welt hinaus: Mehrere Expeditionen führten ihn in den Himalaya, nach Alaska, auf den Mount Kenya und immer wieder in sein geliebtes Patagonien. Arturo fühlte sich den Bergen stärker verbunden als seiner Familie, seiner Frau und den beiden Töchtern. Kein Wunder, dass bei diesem steten Freiheitsdrang die Ehe nicht lange hielt.

Perkeo 315 AV
ATLANTE MONDIALE DE AGOSTINI

Doch der alte Haudegen ist kein Sonderling, sondern seiner Heimat und den Menschen tief verbunden: Arturo kauft für einige ältere Dorfbewohner ein, fällt Bäume für die Gemeinde und dann gibt es noch Maria drüben in Soglio, hoch oben auf der anderen Talseite. Für die 92-jährige Bergbäuerin füttert er öfter die 40 Ziegen und führt sie auf die Weide.

Mit Arturo in den Esskastanienhainen unterhalb von Soglio. In den schiefergedeckten Hütten werden die Esskastanien aufbewahrt und getrocknet; Arturo blickt auf sein wildbewegtes Bergsteigerleben zurück. ◁
In Hinterrhein treibt der kommunale Hirte am späten Nachmittag die Ziegen über eine alte Steinbrücke aus dem 17. Jahrhundert wieder zurück ins Dorf. △

Plötzlich erscheinen zwei junge Leute und bringen ihm eigenen Honig und Marmelade vorbei, sie erhalten dafür zwei Beutel mit getrockneten Esskastanien aus den Hainen unterhalb von Soglio – Bergeller Tauschwirtschaft.

Unendlich viel Gesprächsstoff, die Zeit vergeht wie im Flug. So hocken wir am Abend immer noch in der Küche und bereiten zusammen eine Pasta zu. Danach schauen wir gemeinsam auf sein abenteuerliches Leben zurück: Er fädelt alte Super-8-Filme von seinen Expeditionen ein, das pralle Leben im Zeitraffer auf Zelluloid. Doch noch wichtiger als der Gipfelsturm waren für Arturo die intensiven Erfahrungen der oft gewaltigen Natur.

So kommentiert er den verheerenden Bergsturz, der 2017 fast vor seiner Haustür bei Bondo Schneisen der Verwüstung zog und acht Wanderern das Leben kostete, mit dem ihm eigenen Humor: »Der Piz Cengalo hat schon immer Steine heruntergeworfen. Den einen mag er halt, den anderen nicht. Mir brachte er das Brennholz bis vors Haus!«

» Wenn alle Wege verstellt sind, bleibt nur der Weg nach oben. «

Franz Werfel

Auf dem Bio-Hof von Hannes besitzt natürlich jede Kuh einen eigenen Namen. △
Alpuffahrt: Mitte Mai treibt im hinteren Glarnerland unterhalb des Tödi die Familie von Hannes und Sandra ihr Hornvieh aus dem Tal auf ihre Almwiesen hoch. ▷

Bei Arturo fließt das Wasser in die Adria, nur wenige Kilometer östlich im Engadin fließt es hingegen ins Schwarze Meer und nördlich des Julierpasses bereits in die Nordsee. Hier oben in Graubünden, wo die großen Wasserscheiden Europas zusammenlaufen, leistet mein Bulli Schwerstarbeit: Hinter dem Malojapass mit seinen 23 Kehren muss er auch noch den 2284 Meter hohen Julierpass erklimmen, über den schon die Römer vor 2000 Jahren mit Karren nach Norden zogen. Dann rollen wir mit »Erwin« ins Alpenrheintal hinunter, um kurz hinter der großen Autobahnraststätte Heidiland nach Westen abzubiegen. Zu beiden Seiten des fjordähnlichen Walensees steigen die Steilhänge bis 1000 Meter empor – die Route führt uns durch kilometerlange Tunnel, Galerieüberbauten und über Viadukte. Eine dramatische Bergkulisse voller Kontraste: An der geschützten Nordseite, die nur zu Fuß oder per Schiff zu erreichen ist, wachsen sogar Feigen und Hanfpalmen. Nur wenige Kilometer dahinter wird der Blick nach Süden ins Glarnerland frei: Ganz hinten am Talschluss leuchtet uns der vergletscherte Riesenfels des 3600 Meter hohen Tödi entgegen.

Im Heidiland

Ein paar Kilometer davor liegt an der Ostseite oben in den Bergen eingebettet unser Ziel, die Alp Guetbächi. Hier lernte ich vor Jahren eine junge Biobauernfamilie kennen, die alljährlich im Frühsommer mit ihrem Hornvieh auf ihre Bergalm zieht. Dort wollen wir rechtzeitig zur *Alpuffahrt* hin! Am nächsten Morgen stehen Tobi und ich mit »Erwin« schon um 6 Uhr am Viehstall an der Unterstaffel. In der Vorwoche hat die Familie ihre Tiere vom heimatlichen Hof acht Kilometer talaufwärts hierhergetrieben. Die komplizierte Anfahrt haben wir geschafft, das Vieh ist zum Abmarsch bereit, aber wo sind Hannes, Sandra & Co.? Haben wir uns im Tag geirrt? Doch dann geht es blitzschnell: Zum Jungbauernpaar mit seinen vier Kindern stoßen auch noch Schwager und Schwägerin mit ihren Kindern dazu, um gemeinsam die 50 Kühe von 1200 auf 1800 Meter Höhe hinauf auf die Almen zu führen.

Bulli »Erwin« in der berühmten Via-Mala-Schlucht, Graubünden und Schweinehirt Peter mit den Jungferkeln am Stall auf der Mittelstaffel ◁
Im Hochsommer treiben die drei Jungen von Hannes und Sandra jeden Spätnachmittag das Hornvieh von der Passhöhe zur Hochalm Oberstaffel hinunter. ▷

Nur zehn Minuten später treiben drei wilde blonde Jungs mit lautem Gejohle und ihren »Stöckli« das Hornvieh vor sich her. Hier sind wir nun im echten Heidiland – nur der Großvater fehlt. Zunächst führt noch ein asphaltierter Privatweg sanft durch Wiesen, doch dann biegt unsere Karawane aus Mensch und Vieh auf einen Pfad ab, der sich in Serpentinen durch den steilen Bergwald nach oben schraubt. An der Mittelstaffel beginnt die Alp, die Kühe trotten glücklich auf ihre Weide, wir legen erst einmal eine Brotzeit ein. Weil hier demnächst ein neuer Viehstall gebaut wird, steigen wir weiter zur Oberstaffel hoch. Nur noch ein paar letzte Zirben und Weidengebüsch halten sich schließlich, dann haben wir schnaufend die Baumgrenze und gleich dahinter unser Ziel erreicht. In dem flachen Gebäude befinden sich Küche, Stube und Käserei in einem Raum, darüber auf dem Dachboden das Matratzenlager, daneben der Viehstall nur durch eine Tür getrennt. Hannes bleibt von Mai bis September mit einer Saisonaushilfe hier oben, Sandra kommt mit den Kids am Wochenende und in den Sommerferien. Der Arbeitstag auf der Alp beginnt verdammt früh. Morgens um 4 Uhr 30 klingelt mich mein Wecker aus der wohligen Wärme des Schlafsacks, draußen ist es noch fast pechschwarze Nacht, dichter Bergnebel kriecht den Wiesenhang hoch, zwei Grad über Null. Doch die Kühe warten bereits geduldig in der Nähe, um zu ihren Melkplätzen im Stall zu gelangen. Hannes und die Hilfskraft beginnen im Stall mit dem Melken, während Sandra den großen Käsekessel mit Brennholz anheizt.

Hauswirtschaftsunterricht live: Die Rohmilch wird erhitzt, der Rahm wird abgeschöpft. Aus dem Rahm entstehen Butter und Buttermilch, aus der Milch unter Erhitzung und Zugabe von Labenzymen der Käse sowie Molke, die an die 15 Schweine verfüttert wird. Aus dem 450 Liter-Bottich mit Rohmilch ergeben sich so zunächst 15 Liter Rahm und daraus 4,5 Kilo Butter, außerdem 45 Kilo Käse – knapp 20 Laibe. Sie müssen im Käsekeller der Mittelstaffel bei gleichbleibend kühler Temperatur noch einige Wochen reifen und regelmäßig gewendet werden. Am Ende der Alpsaison im September sind fünf Tonnen Guetbächi-Alpkäse und eine halbe Tonne Alpbutter produziert!

» Wenn unten in den Städten eine Wirtschaftskrise droht, haben wir hier oben kein Problem, wir sind fast komplett autark: Käse, Milch, Fleisch, dazu unten im Tal Maisanbau und Holzwirtschaft. «

Hannes

Draußen steht auch den ganzen Tag Arbeit an: Kühe eintreiben, Kuhfladen wegkratzen, um Überdüngung zu vermeiden, den Ampfer auf der Alm entfernen, Weidezäune reparieren, Schweine füttern, den Transportlift überprüfen … Auch die Kinder helfen bestmöglich mit. Die Jungs treiben oben vom Grat die Kühe herunter, die gerade zweijährige Tochter stolpert zwischen den Kühen im Stall herum, um ihren Papa zu unterstützen. Natürlich haben die Kids auch viel Unsinn im Kopf, trinken aus der Viehtränke, spritzen die Schweine mit dem Wasserschlauch ab oder veranstalten Sprungwettbewerbe über Kuhfladen. Alles Erfahrungen in Echtzeit – kein Handy, kein Fernseher und keine Langeweile. Es gilt nur das Hier und Jetzt in der Natur.

Wunderbare Kulturlandschaft

Die Arbeit als Älpler kostet viel Kraft, aber am Ende des Tages schafft sie auch tiefe Zufriedenheit. Ihre ganze Bio-Landwirtschaft hier oben ist klimaneutral und ein geschlossener Kreislauf, erklärt mir Hannes nicht ohne Stolz. Ihr Hornvieh frisst nur das Gras, das hier oben wächst. Als Dünger bleiben auf den Bergwiesen nur die Ausscheidungen der Tiere. Generationen von Bergbauern haben in mühsamer Plackerei die Steilhänge gerodet und so die wunderbare Kulturlandschaft der Bergalmen geschaffen. Menschen wie Hannes und Sandra führen diese wertvolle Kulturtradition weiter, nutzen als moderne Älpler aber auch Photovoltaik und Transportlifte. Dem Jungbauer mit dem wilden Lockenschopf sind bei all der Plackerei nicht nur Produkte in höchster Qualität, sondern auch die eigene Unabhängigkeit wichtig.

Nur 80 Kilometer vom pulsierenden Zürich entfernt herrscht auf der Alp Guetbächi ein völlig anderer Lebensrhythmus. Gerne wäre ich noch ein wenig länger hier oben geblieben, hätte noch mehr Käserwissen erfahren wollen, wäre bei gutem Wetter an pfeifenden Murmeltieren vorbei zum Gipfelgrat gekraxelt. Doch unten im Tal steht »Erwin« schon seit Tagen einsam vor dem Stall – wir können ihn einfach nicht so lange alleine lassen!

Hannes bringt die frischen Käselaibe mit der Transportbahn hinunter in den Käsekeller an der Mittelstaffel und wir nehmen Abschied von Hannes, Sandra und ihren Kindern.

Die Alp Guetbächi von Hannes und Sandra ▽▽

Etappe 7
Vom Bodensee an die Ostsee

Deutschland

Abseits der großen Adern

Kurz vor der deutschen Grenze möchte ich unbedingt noch ins Paradies. Dazu müssen wir Bulli »Erwin« allerdings noch ein allerletztes Mal über Serpentinen hoch in die Berge quälen, von Bregenz unten am Bodensee über die Straße zum Hausberg Pfänder bis in das kleine Dorf Lutzenreute auf knapp 1000 Höhenmetern. Dort oben steht zwischen einer Handvoll Bauernhöfen nicht nur eine mehr als 100 Jahre alte Bergsennerei, deren fantastischen Rohmilchkäse man notfalls sogar mitten in der Nacht dank eines Käseautomaten erwerben kann, sondern auch ein Gasthof mit leckerer regionaler Kost und einem atemberaubenden Blick über die Dreiländerregion – eben das »Paradies«.

Dazu präsentiert sich das Wetter jetzt im August von seiner besten hochsommerlichen Seite. Tief unter uns breitet sich der Bodensee nach Westen aus, besprenkelt von einem Rudel Segelbooten, die einem glitzernden Fischschwarm gleich durch das Wasser kreuzen. Nach Süden erstrahlt hinter der Talschneise des Alpenrheins der schneebedeckte Gipfel des Säntis. Wir wollen ein allerletztes Mal mediterranes Flair erleben und fahren darum am frühen Abend hinunter auf die Insel Lindau. Sie gehört zwar zu Bayern, bietet mit ihren Palmen an der Hafenmole, dem südlichen Licht und den engen Altstadtgassen fast italienisches Flair. Entlang der Hafenpromenade mit den vielen Cafés flanieren die Pärchen, im coolen Strandbad tummeln sich die Sonnenanbeter und Wasserratten und auf den Ufermauern wird der Sonnenuntergang mit einem Cocktail in der Hand bewundert.

Bulli »Erwin« auf schmalen Sträßchen im oberschwäbischen Westallgäu, im Hintergrund die Alpenkette mit dem Pfänder oberhalb von Bregenz

Diese sanft geschwungene Modelllandschaft zwischen Allgäu und Oberschwaben, durch die sich Sträßchen von Bauernhof zu Bauernhof schlängeln, ist oft von entrückter Schönheit: satte Wiesen mit hübschen Kühen, kleine Badeweiher mit einem Kranz aus schattenspendenden Bäumen, immer wieder der Blick auf das Alpenpanorama im Süden. Niemandsfreund, Rosenharz, Bellamont und Tristolz – Ortsnamen wie aus einem Märchen. War's der Herrgott persönlich oder die Eiszeit oder eventuell beide, die diese Bilderbuchlandschaft erschufen? Egal, wir genießen einige Tage das schwäbische Idyll, doch aus heiterem Himmel springt der Bulli nicht mehr an. Die Zündung streikt, die Zündspule erzeugt keine Zündfunken mehr. Wie gut, dass mein Oldtimer-Freund Ali aus dem nahen Ravensburg den passenden Unterbrecherkontakt zur Hand hat, denn dieses winzige Bauteil hatten wir nicht in unserem Ersatzteillager dabei.

Bulli-Love in Oberschwaben

Oldtimer können schlappmachen, können rostig und unansehnlich werden, aber die Liebe zum Bulli vergeht nie. So geht es auch Barbara, die ich einige Jahre zuvor als Zuschauerin auf einem meiner Vorträge kennengelernt habe. Seit ihrer Kindheit ist Barbara in alte VW Bullis vernarrt, da ihr Vater mit seinem T2 über zwei Jahrzehnte lang alle Eisdielen der Region mit Waffeln bediente. Als sie erfuhr, dass wir mit meinem Oldtimer-Bulli auf unserer großen Europa-Tour durch Oberschwaben fahren, bestanden sie und ihr Mann Edwin darauf, dass wir unbedingt einen Abstecher auf ihren Bauernhof nahe Ochsenhausen machen sollten. Für unser Wiedersehen kündigt sie uns eine besondere Überraschung an. Wir sollen uns nicht auf ihrem Hof treffen, sondern uns kurz vor Sonnenunter-

gang mitten in der oberschwäbischen Pampa an einer 150-jährigen Linde auf dem Hohbäumle, der höchsten Erhebung des Altkreises Biberach! Das klingt geheimnisvoll. Wir lassen die brütende Nachmittagshitze an einem erfrischenden Waldweiher vorüberziehen und erreichen gegen 8 Uhr abends den Feldweg, der uns auf den Gipfelhügel führt. Kein Hinweisschild, kein parkendes Auto, kein Mensch weit und breit, nur Wiesen, Maisfelder und Heckengebüsch. Habe ich eventuell irgendetwas in Barbaras in breitestem Oberschwäbisch vorgetragener Wegbeschreibung falsch verstanden? Doch plötzlich macht der holprige Feldweg auf der sanften Kuppe einen scharfen Knick nach links, und wir stehen nur wenige Meter vor dem Baummethusalem. Darunter sitzen einträchtig Barbara und Edwin nebeneinander, sie hinter ihrem Schlagzeug, er mit seiner Tuba, die Bierflasche in Griffweite. Vor ihnen erstreckt sich eine Art Altarzone aus mit Bulli-Emblemen geschmückten Blumentöpfen, Blumengestecken, Plastikschwänen und Fliegenpilzen – alles in den klassischen rot-weißen Bullifarben!

Kaum habe ich den Motor ausgeschaltet, legen sie mit einer Begrüßungsfanfare für »Erwin« los – der Eurovisionshymne! Danach kündigt Barbara mit einem Trommelwirbel eine kräftige Abendvesper an, doch das ist erst der Anfang eines einzigartigen Open-Air-Konzerts. Für beinahe jedes Land, das wir durchfahren, spielt das Tuba-Drum-Duo ein typisches Lied. Der rauschbärtige Edwin wechselt dabei mehrfach sein Outfit, während Barbara die Moderation übernimmt und Freundin Claudia die Filmklappe bedient. Das schräge Potpourri führt uns in dieser lauen Sommernacht quer durch Europa, von »La Paloma« über »Auf de Schwäbsche Eisebahne« bis hin zu »Oh Kalinka« und dem Wickie-Song »Anker los!« Aus dem Heidi-Lied textet das Duo nach all den erfolgreich erklommenen Pyrenäen- und Alpenpässen »Erwin, Erwin – deine Welt sind die Berge!« und es folgen bis weit nach Mitternacht noch so einige Melodien mehr. Wir genießen diese wundervolle Gastfreundschaft!

Durch den tropisch heißen Süden

Nach zwei glutheißen Tagen in Oberschwaben flüchten wir vor der Sommerhitze über ein unscheinbares Flüsschen namens Donau auf die Schwäbische Alb hinauf. Auf der kargen Hochebene scheint das Dorfleben seit Jahrzehnten unverändert: kein Schwerlastverkehr, der alles übertönt, die Kirchenglocken schon von Weitem hörbar, der Metzger schließt pünktlich um 18 Uhr. Wir huschen gerade noch rechtzeitig in den kleinen Laden und versorgen uns mit hausgemachtem Wurstsalat, Maultaschensüpple und anderen schwäbischen Spezialitäten.

Deutschland ist eigentlich ein einziger wimmelnder Ameisenhaufen, eine permanente Großbaustelle, aber mit »Erwin« fahren wir meist über kleine Sträßchen abseits der großen Verkehrsströme. Und so haben wir T1-entschleunigt plötzlich auch Zeit und Muße für die Schönheit des Landes, die kleinen Karstschluchten auf der Alb, den imposanten Albabbruch, die Stauferburgen weiter nördlich.

Ein Touristen-Highlight, das ich über all die Jahrzehnte nie besucht habe, steuern wir zwei Tage später im Fränkischen an: Rothenburg ob der Tauber. Kurz vor Sonnenuntergang rattern wir über abgeschliffenes Kopfsteinpflaster durch das Galgentor in die mittelalterliche Altstadt hinein. Anders als sonst ist es in den Gassen jedoch fast leer. Keine Amerikaner, keine Japaner, keine Chinesen – für uns fantastisch, für die Hoteliers und Gastronomen eine Katastrophe.

Ein »Tor zum Allgäu« in der Nähe von Waldburg, Oberschwaben ◁

Fantastischer Fernblick oberhalb von Bregenz auf den Bodensee und die Appenzeller Berge in der Schweiz: Barbara und Edwin sind zwei wunderbare oberschwäbische Originale. Bulli »Erwin« und meinem Europa-Projekt zu Ehren geben sie ein mehrstündiges Galakonzert in der Nähe ihres Hofes. ▷

Richtung Unterfranken wird die Landschaft lieblicher, die ersten Weinberge schmiegen sich an die Hänge. Auf einer kleinen Fähre über den Main lernen wir Jonas kennen. Als Seemann befuhr er über Jahrzehnte die Weltmeere, um schließlich als Fährmann wieder in seiner alten fränkischen Heimat zu landen! Oben in den Hassbergen wird die Landschaft rauer, aber die Menschen sind nicht weniger herzlich. Das erleben wir, als einige Stunden später nochmals die Zündung streikt. Wir rollen gerade noch hinunter ins nächste Dorf nach Burgpreppach und kommen vor einer ausgedienten Tankstelle zum Stehen. Wieder Kirchenglocken in der Ferne, aber plötzlich rauscht Ralf, ein Mechaniker aus dem Dorf, mit seinem Motorrad um die Ecke. Wir testen auch die Zündkerzen, aber letztlich hilft einfach ein Stück Schmirgelpapier, mit dem wir den Unterbrecherkontakt von Schmauchspuren befreien. Als sich dann noch Franklin, der örtliche Altmetallhändler dazugesellt, Bier und einen Laib Brot ausgibt, wird mir wieder einmal bewusst, welch ein Eis- und Herzensbrecher mein T1-Bulli ist!

Grenzland im Herzen Europas

Das fränkisch-thüringische Grenzgebiet schlummerte durch die Teilung Deutschlands jahrzehntelang im Abseits, jetzt liegt es wieder mitten in Europa. Die Landschaft besitzt mit ihren solitären Bergkuppen und liebevoll gepflegten Fachwerkdörfern ihren ganz eigenen Charme, aber wir erfahren auch von den Schattenseiten der Gegenwart: Im südthüringischen Dorf Milz fotografiere ich ein weiteres Mal eine der vielen geschlossenen Gastwirtschaften. Auf der gegenüberliegenden Häuserseite lehnt sich ein älterer Herr aus dem Fenster, wir kommen ins Gespräch. Der kernig wirkende 85-Jährige erzählt, dass vor fünf Jahre der letzte Laden dichtmachte. Nur noch eine von ehemals vier Dorfkneipen existiere noch.

Klar lebte man zu DDR-Zeiten an der Grenze ziemlich isoliert, aber nach Feierabend traf man sich in der Wirtschaft. Heute kostet das Bier drei Euro, da fahre man lieber ein paar Kilometer zum nächsten Supermarkt und kaufe sich selber einen Kasten. Wer al-

lerdings kein eigenes Auto besitzt oder es nicht mehr fahren kann, habe hier draußen auf dem Land schlechte Karten. Eine Flasche Bier bietet er uns nicht an, dafür erscheint plötzlich seine Frau am Fenster, mit der er seit 65 Jahre verheiratet ist. Sie reicht uns einen Teller mit selbst geriebenem Dätsch, einer speziellen Thüringer Kartoffelpuffervariante. Welch herzliche Geste – so etwas passierte mir in Deutschland fast immer nur im Osten.

In der mittelalterlichen Altstadt von Rothenburg ob der Tauber drängeln sich in normalen Zeiten täglich Tausende Touristen aus aller Welt. In der Corona-Zeit waren wir mit Bulli »Erwin« fast ganz alleine in der historischen Stadt. ◁
Fährmann Jonas bringt uns mit seiner Fähre bei Obereisenheim über den Main. △

Über alte Kolonnenwege und schmale Landstraßen kurven wir durch die Rhön weiter nach Norden und folgen schließlich dem Flusslauf der Werra. Mitten in der Mittelgebirgsidylle tauchen die monströsen weißen Abraumhalden des Kalibergbaus auf. Hier verläuft die ehemalige innerdeutsche Grenze in einem wirren Zickzack. Im hinterletzten osthessischen Winkel treffen wir im Fachwerkdorf Heldra auf Carsten, seines Zeichens Dachdeckermeister und leidenschaftlicher Bulli-Fan. Auf seinem Hof tummeln sich gerade drei wunderschöne alte Bullis. Da fühlt sich mein »Erwin« gleich geborgen!

Doch wir fahren noch ein Stück die Werra abwärts weiter, drehen an der imposanten Burgruine Hanstein nach Osten und erreichen in Thüringen das erste Dorf, Bornhagen. Hier kann man im Klausenhof ein uriges Rittersmahl in den Gewölben zu sich nehmen und danach neben dem Wurstmuseum im Stroh schlafen. Wir übernachten aber lieber im Bulli oberhalb der imposanten Burgruine auf einem Wanderparkplatz. Eigentlich wunderbar romantisch, wäre da nicht drüben auf den Höhen des Hohen Meißners in die einst intak-

»Heimat entdeckt man erst in der Fremde.«

Siegfried Lenz

Fleischereimeisterin Sandra Schmidt im Eichsfelder Heilbad Heiligenstadt darf sich seit 2007 »Ritterin der Bratwurst« nennen.
Die Fachwerkstadt Stolberg im Ostharz entstand bereits um das Jahr 1000 als Bergmannssiedlung. ▷

Glas
Porzellan
Keramik
PB ON5H

ten wunderschönen Buchenwäldern Nordhessens eine ganze Kette von gigantischen Windrädern hineingerammt worden. Die ganze Nacht hindurch blinken uns ihre roten Warnlichter ohne Unterlass entgegen – die monströsen Betonspargel degradieren die Natur.

Zwei Tage später sind wir endgültig im Tiefland angekommen. Hinter den Ausläufern des Harzes taucht die große Ebene auf – und steht wieder eine Flussüberquerung an. Doch hier zwischen Magdeburg und Dessau gesellt sich zu der Sommerhitze noch eine enorme Trockenheit. Ein Großteil der Bäume schaut desolat aus, Saale und Elbe haben Niedrigwasser. Als wir frühmorgens mit der ersten Fähre die Elbe queren, fühle ich mich dennoch beim Anblick der Galeriewälder und Vogelschwärme kurzzeitig ein wenig in das Amazonas-Tiefland versetzt.

Nach einer viel zu kurzen, weil mückenverseuchten Nacht steuern wir erst einmal die nächste Kleinstadt an. Die Innenstadt von Zerbst wurde im Zweiten Weltkrieg fast komplett ausradiert, aber zwischen Plattenbauten und wenigen alten Häuserzeilen entdecken wir eine Bäckerei, in der die Chefin Jana mit viel Charme unglaublich leckere Bagels und belegte Brötchen verkauft – wir sind aber weder im hippen Berlin-Friedrichshain noch an der Fifth Avenue, sondern irgendwo in Sachsen-Anhalt! Irgendwie ist der Osten oft spannender, echter und authentischer, aber auch skurriler als der Westen. Das erleben wir auch wenige Kilometer nördlich von Zerbst, wo mitten in den Elbauen das ehemals prächtige Schloss Dornburg als marode Schönheit seinen Dornröschenschlaf hält. Als einstiger Wohnsitz der Mutter der deutsch-russischen Zarin Katharina der Großen blieb Dornburg zu DDR-Zeiten unangetastet. Später kaufte eine Berliner Stiftung das Schloss, passiert ist jedoch bislang nicht viel. Der vordere Wohntrakt gehört jedoch der Gemeinde und hat mit Maik einen einzigen Bewohner. Der hagere Mittvierziger mit ergrautem Pferdeschwanz kommt ursprünglich aus der Gegend und verbrachte viele Jahre in den Berliner Szenevierteln, bis ihm das urbane Leben zu laut und zu oberflächlich wurde. Nun träumt er vom Schlossplatz als Eventlocation, von einem Kulturfestival und einem Schlosscafé.

Im Kalibergbaugebiet an der Werra waren die Bewohner von Großensee in Thüringen (vorne) und Kleinensee in Hessen (hinten) 45 Jahre durch die innerdeutsche Grenze voneinander getrennt. ◁
Fronleichnamsprozession im katholischen Eichsfeld △
Die thüringische Burgruine Hanstein lag zu DDR-Zeiten wegen ihrer unmittelbaren Nähe zur Grenze in der Sperrzone. ▷

KrawallBrüder

Durch schier endlose Kiefernwälder und über sandige Moränenhügel nähern wir uns allmählich Berlin. Brandenburgs Hauptstadt Potsdam ist mit ihrem Holländischen Viertel, den vielen schmucken wilhelminischen Villen und ihrem Seengürtel ein Traum, mit dem Bulli manchmal fast eine Zeitreise. Aber Berlin tagsüber mit einem Oldtimer zu durchqueren, ist wirklich nichts für schwache Nerven.

Sonnenaufgang im Oderbruch an der deutsch-polnischen Grenze; im Gespräch mit Wolfgang Schröder, einem der letzten Havelfischer ◁
Auf der Elbfähre bei Breitenhagen bringt uns Fährmann Christoph kurz nach Sonnenaufgang ans andere Ufer. △

Die Hauptstadt ist eine faszinierende Vier-Millionen-Metropole, aber an vielen Ecken auch arg heruntergewirtschaftet. Bei 35 Grad im Schatten hangeln wir uns von Baustelle zu Baustelle durch den Moloch. Zur Abkühlung machen wir im ehemaligen Ostteil der Stadt einen Abstecher in die Ackerstraße zu einer meiner Lieblingseisdielen.

In unmittelbarer Nähe liegt der Sophienfriedhof, der bis 1989 direkt an die Mauer grenzte. Drei Jahre zuvor hatte ich hier als junger Fotojournalismus-Student etwas ziemlich Verrücktes gewagt: Mit einem Tagesvisum und zwei Kameras ausgestattet, streunte ich im Mai 1986 einen Tag lang durch Ostberlin und versuchte, möglichst nahe vom Osten an die Berliner Mauer zu gelangen. Am Sophienfriedhof erschien mir dies am einfachsten, da der hintere Teil direkt an die Grenze stieß. Merkwürdigerweise kontrollierte mich niemand am Friedhofseingang. Je mehr ich mich der Mauer näherte, desto verwilderter sah die Begräbnisstätte aus. Eine alte Dame, die ein Grab pflegte, warnte mich

noch vor den Volkspolizisten, die den Friedhof regelmäßig kontrollierten. In meinem jugendlichen Leichtsinn wagte ich mich dennoch im Schutz des Dickichts an überwucherten Gräbern vorbei weiter bis an den gepflügten Streifen direkt vor der Hinterlandmauer, schoss ein paar Fotos wie aus der Perspektive eines Flüchtlings und kam tatsächlich wohlbehalten am Abend wieder im Westen an.

Reise in die Vergangenheit

35 Jahre später laufe ich mit Tobi noch einmal über den Sophienfriedhof. Dieses Mal treffe ich keinen Zeitzeugen an der Bernauer Straße, wo noch heute ein Teil der Mauer und ein Wachtturm stehen, den ich damals aus dem Gebüsch heraus fotografierte. 2015 lernte ich dort auf meiner ersten Europa-Tour mit Bulli »Erwin« zufällig Hubert Peuker und seine abenteuerliche Geschichte kennen: Nur ein paar hundert Meter weiter östlich war er hier 1969 als 16-Jähriger über die Mauer in den Westen geflohen. Zuvor war der in Jena aufgewachsene Teenager den ganzen Bezirk Mitte abgelaufen und hatte heimlich Fotos von den bestmöglichen Fluchtpunkten geschossen. Als er schließlich morgens um 1 Uhr alle Sperranlagen überwand und im Westberliner Wedding ankam, blickte er auf drei Grabkreuze. Glück gehabt!

Bulli »Erwin« morgens um 5 Uhr vor dem Brandenburger Tor. Noch schläft die Vier-Millionen-Metropole. △
Abendstimmung am Nauener Tor in Potsdam; die monumentale Skulptur Molecule Man an der Spree nahe der Oberbaumbrücke und Mauerflüchtling Hubert Peuker an der Gedenkstätte Berliner Mauer ▷

Im Spätsommer unterwegs in Vorpommern bei Angermünde ▽▽

TRATTORIA PANE e VINO

Doch seine Ost-West-Geschichte war damit nicht zu Ende: Drei Jahre später erließ die DDR eine Amnestie für Republikflüchtende, für Hubert das Signal, mit seinem VW Bulli seinen Bruder in einem Extratank in den Westen zu schleusen. Auch das klappte. Doch einige Wochen später misslang der Versuch, auch die Freundin des Bruders aus der DDR herauszuschmuggeln. Sie wurden geschnappt, Hubert erhielt als Fluchthelfer drei Jahre Einzelhaft in Ostberlin und wurde schließlich von der Bundesrepublik nach anderthalb Jahren freigekauft. Heute lebt er wieder in seiner Geburtsstadt Braunschweig, aus der einst sein Vater als überzeugter Sozialist mit der Familie in den Osten zog.

Tief im Osten

Uns zieht es nach einem Tag urbanen Trubels auch weiter nach Osten. Chorin, Brodowin, Mescherin – alles slawische Ortsnamen, das klingt nicht mehr nach Deutschland. Auch die Landschaft verändert sich: Träge und breit fließt die Oder Richtung Norden zur Ostsee hin. Im deutsch-polnischen Grenzgebiet gibt es viel Natur und wenige Menschen. Am schilfbewachsenen Flussufer treffen wir auf Ivette, die sich nach zwei Jahrzehnten im hektischen lauten Berlin in ihre alte Heimat in diesem Winkel Vorpommerns zurückgezogen hat. Sie gibt uns einen Geheimtipp der Einheimischen mit auf den Weg: ein versteckter Badesee, an dessen dicht bewaldetem Ufer wir dösend den glutheißen Tag verbringen. Der Sommer scheint endlos, doch die abgemähten Weizenfelder unter dem weiten Himmel deuten an, dass die Zeit nicht stehen bleibt, die Tage jetzt, Ende August, bald kürzer und kühler werden. Vor »Erwin«, Tobi und mir liegt noch die riesige Etappe entlang der polnischen Ostseeküste und dann durch das Baltikum weiter Richtung Skandinavien! Als wir abends auf der Insel Usedom am Strand entlang schlendern, überkommt mich plötzlich das Gefühl, den Gegenpol von Lindau erreicht zu haben: die Weite, das Licht, die Kiefern- und Birkenwälder – willkommen im Norden!

Hafffischer Dieter Krüger auf der Insel Usedom mit frischen Aalen aus seinen Reusen; von der Hubbrücke Karnin im Stettiner Haff steht nur noch der mittlere Teil, der Rest der Eisenbahnbrücke wurde 1945 von der Wehrmacht gesprengt. ◁
Idyllische Seenlandschaft in Vorpommern kurz vor der polnischen Grenze ▷

Etappe 8
Von der Oder nach Masuren

Polen

Weites Land und alte Städte

Wer um 1900 in Berlin wohlhabend war, ließ sich eine standesgemäße Sommerresidenz an der Ostseeküste bauen. Entweder auf Rügen oder noch näher auf der Insel Usedom in den Seebädern wie Swinemünde, Ahlbeck und dem »Nizza der Ostsee«, Heringsdorf. Auf Usedom urlaubte selbst Kaiser Wilhelm II., gaben sich in den prunkvollen Villen der Bäderarchitektur Aristokraten, Banker und Politiker, Künstler und Schriftsteller ein Stelldichein.

Ein Jahrhundert später verläuft der weiße Ostseestrand immer noch kerzengerade weiter nach Osten bis Swinemünde, das heute polnische Świnoujście. Es liegt nur fünf Kilometer von Ahlbeck entfernt, doch mehr als fünfzig Jahre lang war der Weg dorthin versperrt. Ende des Zweiten Weltkriegs wurde die mit Flüchtlingen überfüllte Hafenstadt wegen ihres Marinestützpunkts durch US-amerikanische Luftangriffe praktisch dem Erdboden gleichgemacht. Ein halbes Jahr nach Kriegsende genehmigte die Sowjetunion als Siegermacht auch den Abtritt einiger Gebiete westlich der Oder an Polen. Erst seit Polens Beitritt zum Schengener Abkommen 2007 kann man die Insel Usedom wieder komplett von West nach Ost mit dem Auto durchkreuzen.

So fahren wir mit »Erwin« an überwucherten Dünenhügeln vorbei durch herrlichen Buchenwald, bis übergangslos eine Lichtung mit einer Laubenkolonie auftaucht. Dahinter stehen die ersten Plattenbauten, ein paar Wechselstuben, Tabakbuden und das Ziel von alljährlich zigtausend Schnäppchenjägern: der »Polenmarkt«, auf dem es praktisch alles gibt – nur nicht das Original. Weitläufig ziehen sich Industrieanlagen mit Hafenkränen und Verladeterminals am Fluss entlang, dazu hocken wir noch in einem kilometerlangen Stau vor der Fähre über die Swine. Schön wird's erst wieder im Ostteil der Insel Wollin mit seiner Steilküste, tiefen Wäldern und verwunschenen Binnenseen.

Unübersehbar ist der neue Wohlstand östlich der Oder: An den Ortsrändern stehen propere neue Eigenheime, oft mit einem fahrbaren Statussymbol vor dem Carport. In Küstennähe schießen an vielen Orten moderne Luxus-Apartments aus dem Boden. An einer in Bau befindlichen Wohnanlage parke ich meinen VW-Oldtimer hinter dem Bentley eines Maklers und lasse mir die Immobilie zeigen: 150 000 Euro kostet das kleinste Ferienapartment.

Im Hinterland Pommerns ticken die Uhren noch anders. Wir tuckern über holpriges Kopfsteinpflaster, durch tiefe Wälder und kleine Dörfer und landen nach zwei Nächten im Bulli schließlich im Schlosshotel Nosowo, dem ehemaligen Gutssitz Nassow. Das 1850 erbaute Neorenaissance-Schloss empfängt uns mit hohen Stuckdecken, Kronleuchtern und Parkett. Merkwürdigerweise sind wir die einzigen Gäste auf dem abgelegenen Anwesen mit seinem etwas angestaubten nostalgischen Flair. Andrzej, der einzige Angestellte, verneint unsere Frage nach einer Bar, dafür schauen wir abends in seinem winzigen Büro gemeinsam Fußball-Europapokal.

Auf unserem Weg nach Danzig steuern wir ein besonders charmantes Hafenstädtchen an. In Ustka (Stolpmünde) ließ einst Fürst Bismarck seine Sommerresidenz erbauen. Hinter dem Hafen mit den restaurierten alten Kapitänshäusern liegt die ehemalige Flakbatterie »Blücher-Bunker« aus dem Zweiten Weltkrieg. Das einstige Sperrgebiet ist heute eine Touristenattraktion. Hier kann man in originalen Wehrmachtsuniformen samt Waffen Kampfszenen in den

Unterwegs in der Masurischen Seenplatte nahe Sztynort, dem ehemaligen Gutssitz Schloss Steinort

Bunkeranlagen nachstellen, bei Schlagermusik aus den 1940er-Jahren Gulaschsuppe aus der Feldküche löffeln und vom Tarnhemd bis zu »echten« Abzeichen und Patronen Souvenirs mit nach Hause nehmen. Der Rummel in diesem seltsamen Geschichtspark kommt uns angesichts der historischen Ereignisse völlig fremd vor. Als wir schließlich zufällig den Hobby-Historiker Marcin Barnowski antreffen, der die Idee zu diesem Touristenspektakel besaß, verschwimmt die Geschichte komplett: Der umtriebige Geschäftsmann posiert mit Dreispitz und Gehrock in preußischer Uniform als Friedrich der Große neben seinem wunderbar restaurierten T1-Samba-Bus!

Starke Typen

Wir brauchen Abstand und verbringen drei Tage an der polnischen Ostseeküste. Scheinbar endlose Kiefernwälder umsäumen die großen Wanderdünen, kilometerlange einsame Sandstrände – ein Traum! Im Hinterland kleine Dörfer, in denen die Zeit stehen geblieben zu sein scheint: bucklige Fischerkaten aus Backstein, verschilfte Seen, Storchennester, Marienaltäre. Im Dorf Gardna Wielka entdecken wir hinter einer Kirche eine kleine Gaststube mit Außengastronomie.

Der unscheinbare Ort scheint auf Doppelgänger spezialisiert zu sein: Zuza, die junge Kellnerin hat mit ihren hohen Wangenknochen und ihren strahlend grünblauen Augen eine frappierende Ähnlichkeit mit einer Frau, in die ich vor 30 Jahren wahnsinnig (und unglücklich) verliebt war. Und der markante Glatzkopf mit dem durchdringenden Blick am Nebentisch sieht genauso aus wie einer der Hauptdarsteller der Serie »Breaking Bad«. Er ist aber nicht der amerikanische Schauspieler Jonathan Banks alias Mike Ehrmanntraut, der den Antihelden Walter White alias Heisenberg unterstützt, doch letztlich von ihm erschossen wird, sondern ein ehemaliger Übersetzer namens Krzysztof. Er hat sich schon immer gewundert, dass er – ob in London oder in Warschau – für Mike gehalten wird.

Im polnischen Hinterland: Krzysztof alias »Breaking Bad«-Charakter Mike und Bulli-Besitzer Marcin Barnowski, Initiator des Militaria-Parks rund um den »Blücher-Bunker«, die ehemalige Flakbatterie der deutschen Wehrmacht bei Ustka (Stolpmünde). ◁

Stimmungsvoll: Entspannung an der Mole nahe der Fähre über die Swine; das ländliche Polen ist auch in Pommern tiefkatholisch geprägt; traumhafter Ostseestrand im Slowinzischen Nationalpark zwischen Ustka und Leba ▷

Spontan spinne ich die Story im polnischen Hinterland weiter und lasse Krzysztof mit einem kurzen Video-Statement zu Wort kommen: »Hi, I am Mike from ›Breaking Bad‹. I finally moved to the countryside in Poland to escape from that fucking guy Walter called Heisenberg!« Im fünften Anlauf saß schließlich die Szene – Krzysztof hatte sich Schauspielen bedeutend einfacher vorgestellt!

Spätestens bei unserer Ankunft in Danzig kommen wir jedoch um die echte Geschichte nicht herum. Beständig ist in der komplexen, über 1000 Jahre alten Historie der Hafen- und Handelsstadt nur der Wechsel der Herrschaft gewesen: polnische Herzöge, die Ritter des Deutschen Ordens, schließlich polnische, dann wieder preußische Könige. Nach dem Ersten Weltkrieg entstand die Freie Stadt Danzig und nach dem Zweiten Weltkrieg, der mit dem deutschen Angriff vor den Toren der Hafenstadt begann, wurde die mehrheitlich deutsche Bevölkerung vertrieben. In einem beispiellosen jahrzehntelangen Kraftakt wurde der im Krieg komplett zerstörte Kern der alten Hansestadt zum allergrößten Teil wieder aufgebaut.

Danzig ist aber nicht nur wegen seiner imposanten gotischen Backsteinkathedralen, den mittelalterlichen Patrizierhäusern und dem beeindruckenden Krantor berühmt, sondern auch wegen seiner großen Werftanlagen und der Arbeiterbewegung »Solidarność« – der Keimzelle der polnischen Demokratiebewegung. In der einstigen Lenin-Werft waren früher fast 20 000 Menschen beschäftigt, heute umfasst die Belegschaft des privatisierten und stark verkleinerten Unternehmens nur noch 700 Mitarbeitende. Als wir am Freitagnachmittag mit Bulli »Erwin« über das Hafengelände rollen, kommen uns die Arbeiter aus dem verbliebenen Betrieb entgegen – Schichtende, Feierabend. Ich hoffe einen Arbeiter anzutreffen, der bereits 1980 auf der Werft bei den großen Protestdemonstrationen gegen die kommunistischen Machthaber dabei war und nun – nach über 40 Jahren – immer noch dort beschäftigt ist. Tatsächlich finde ich die Nadel im Heuhaufen: Da kommt mir ein echter Malocher mit wildem Schnauzbart entgegen, der vom Aussehen und der Statur stark an den Solidarność-

Führer Lech Wałęsa erinnert. Tatsächlich gehört der 68-jährige Feliks zu den wenigen, die seit fast einem halben Jahrhundert auf der Werft arbeiten – er als Schiffszimmermann im Innenausbau, um seine kümmerliche Rente aufzubessern.

Demos und Rave-Partys

Feliks erinnert sich an die dramatischen Ereignisse von 1980, an die Ausrufung des Kriegsrechts und die Gefahr eines sowjetischen Panzereinmarsches. Doch er ist desillusioniert von der Politik: Aus der Arbeiterbewegung Solidarność wurde eine politische Partei, aus dem Arbeiterführer Lech Wałęsa ein Staatspräsident. Immer weniger ging es seiner Meinung nach um die Rechte und Interessen der kleinen Leute, sondern irgendwann nur noch um Macht und Pfründe. Hätte er diese Entwicklung damals vorausgesehen, wäre er nicht mit auf die Barrikaden gegangen, sagt er sichtlich gerührt mit tränenerstickter Stimme. Der altgediente Werftarbeiter beklagt die verhängnisvolle Polarisierung der politischen Landschaft in seinem Land: die regierenden Nationalisten und die Kirche mit ihrem Einfluss auf dem Land, die Pro-Europäer in den großen Städten wie in Danzig. Nicht zuletzt das tödliche Attentat auf Danzigs liberalen Bürgermeister Paweł Adamowicz 2019 vor den Toren der Altstadt hat gezeigt, wie tief der Riss durch die polnische Gesellschaft geht.

Als wir an diesem Freitagnachmittag mit Bulli »Erwin« vor dem weitläufigen ehemaligen Werftgelände ankommen und Feliks kennenlernen, ahnen wir nicht, was hier ein paar Stunden später abgehen wird. Die stillgelegten Industriehallen nutzt Danzigs junge Kunst- und Kulturszene nämlich als Ausstellungsräume und als Party Location am Wochenende. Kurz vor Mitternacht kommen Tobi und ich zu Fuß aus der Innenstadt noch einmal hierher. Weit über tausend Partygänger drängeln sich auf dem Hafengelände, auf verschiedenen Ebenen wummern die Bässe, zappelt die Menge, legen DJs auf, flimmern Video-Installationen über die Wände, ringsum das authentische Industrie-Ambiente aus Kränen und Schiffen – für mich ist das cooler als im Nightlife von New York oder Berlin!

Im Danziger Werftgelände an einem Mündungsarm der Weichsel ◁
Feliks arbeitet seit fast einem halben Jahrhundert auf der Danziger Werft △
Gedenkort an die Solidarność-Bewegung vor den ehemaligen Werfttoren ▷

» Aus dem Schoß der Nacht schlüpfen Gestern und Morgen. «

Andreas Tenzer

Die Goldene Uhr von 1637 an der Danziger Marienkirche △
Nachts in der Danziger Altstadt vor dem Brotbänkentor, im Hintergrund die Marienkirche ▷

OSTRO

BALTIC

In den ehemaligen Werkhallen der Danziger Werft Stocznia, der früheren Lenin-Werft, hat sich in den letzten Jahren eine coole Location für junge Kultur und für Partygänger entwickelt. ◁
In den Wäldern Hinterpommerns rumpelt Bulli »Erwin« manchmal noch über buckliges Kopfsteinpflaster aus dem 19. Jahrhundert. △

Die Marienburg, eine mittelalterliche Ordensburg des Deutschen Ordens aus dem 13. Jahrhundert, liegt am Fluss Nogat am Rand der Stadt Malbork (Marienburg). Die imposante Anlage ist die größte Burg der Welt und zugleich der größte Backsteinbau Europas. ▽▽

Nach drei ereignisreichen Tagen verlassen wir Danzig und fahren Richtung Masuren durch das Weichseldelta: eine weite fast baumlose Schwemmebene mit einem Adergeflecht aus Kanälen und kleinen Flüssen, mit Maisfeldern, Wiesen und Windrädern. Vieles erinnert an Friesland, nur die mit EU-Geldern erbaute neue Autobahn ist von so perfekter Qualität wie man sie niemals in Deutschland vorfände – Balsam für »Erwin«!

Wir folgen ein Stück der alten Reichsautobahntrasse nach Königsberg, dem heute russischen Kaliningrad. Kurz vor dem geschlossenen Grenzübergang wenden wir uns über holprige Landstraßen weiter nach Osten, immer nahe an der polnisch-russischen Grenze, die quer durch das ehemalige Ostpreußen verläuft. Auf einer einsamen Allee hinter Lelkowo stoppt uns plötzlich ein Bauer, weil er seine neun Kühe über die Straße auf eine andere Weide treibt. Wir kommen ins Gespräch. Piotr lebt gemeinsam mit seinen Eltern auf dem nahen Bauernhof, den diese aus Altersgründen nicht mehr alleine bewirtschaften können.

Auf den ersten Blick ist das gepflegte Anwesen mit dem großen Gemüsegarten, dem Storchennest, den Gänsen, Hühnern und Staketenzäunen eine bukolische Idylle, aber es ist vor allem von frühmorgens bis spätabends knallharte Arbeit. Viel bleibt bei der ganzen Plackerei für die Kleinbauern nicht übrig, darum hat Piotr im Frühjahr auch schon zweimal als Erntehelfer auf den Spargelfeldern Brandenburgs gearbeitet.

Schließlich sitzen wir gemeinsam auf der kleinen Veranda. Die Gänse ziehen schnatternd über den Hof, die Tauben fliegen aus ihrem Verschlag unter dem Scheunendach und Piotrs Mama Luba tischt als herzliche Gastgeberin deftige polnische Kost auf: *zurek* – eine saure Mehlsuppe mit Wurst und Ei, dazu eingelegte Knoblauchgurken, Sauerkraut und selbst gebackenes Brot. Am Tisch erfahren wir die Geschichte der Familie. Piotrs Großeltern kamen im Frühjahr 1946 aus dem ehemaligen Ostpolen, das heute zur Ukraine gehört, hierher. Von dort wurden damals über 100 000 Polen von der Sowjetunion nach Westen ins nun polnische Masuren zwangsumgesiedelt, dessen deutsche Bewohner fast alle vertrieben waren. Vielleicht liegt die Melancholie der masurischen Landschaft darin begründet, dass einfach alle, die früheren wie die neuen Bewohner, keine alte Heimat mehr besitzen. Wie wird es mit dem Hof weitergehen? Piotr weiß es nicht. Seine Eltern werden älter und er findet keine Frau, die sich vorstellen könnte, frühmorgens um 6 Uhr die Kühe zu melken und den Stall zu säubern.

Vergessenes Grenzland

Noch ein paar Kilometer näher an der russischen Grenze liegt das Gut Szarki (Sargen). Über buckliges Kopfsteinpflaster erreichen wir das am besten erhaltene Anwesen im westlichen Masuren. Auf den ersten Blick scheint der Ort wie in den 1930er-Jahren: riesige Getreidescheunen, ein mächtiger Innenhof, ein frisch restauriertes Herrenhaus zur Linken.

Beerenverkäufer warten im Spätsommer an einer Straße in Hinterpommern auf vom Ostseestrand zurückkehrende Urlauber. Auch zwei Dutzend Gänse wachen über den masurischen Hof von Piotr und seinen Eltern. ◁
Das Gut Szarki (Sargen) im nordwestlichen Masuren liegt nur wenige Kilometer von der russischen Grenze entfernt. ▷

Wir haben Glück, denn wir treffen den Besitzer in der Landmaschinenscheune an. Oleg, ein freundlicher Mittsechziger, erwarb das Anwesen 1993 und sanierte es nach und nach. Geboren als Pole in Litauen, damals noch Teil der Sowjetunion, zog er mit seinen Eltern mit 13 Jahren nach Danzig, wurde später Berufsschullehrer in der Metallverarbeitung und gründete schließlich seine eigene Firma. Oleg liebt die Schönheit Masurens, die Stille, die Kraft der Natur als Gegenpol zum urbanen Danzig. Doch aus der Stadt braucht er alljährlich Erntehelfer, das Land blutet aus – heute leben in Szarki sechs Menschen, vor 1945 zählte es noch 110 Einwohner.

Eigentlich wollen wir irgendwo hier draußen mit dem Bulli an einem der vielen Seen campieren, aber er rät uns dringend ab, weil wir eventuell unsanft geweckt werden könnten: Polnische Patrouillen sind wegen der Schmuggler im Grenzgebiet mit Nachtsichtgeräten unterwegs. Wir können auf seinem Hof im Bulli schlafen, besser so. Am nächsten Morgen zeigt er uns voller Bewunderung für die Handwerkskunst der Erbauer das ausgeklügelt konstruierte Scheunendach. Seit vielen Jahren hat Oleg guten Kontakt zu der Familie der vormaligen Gutsbesitzer. So schmücken eine Chronik und viele historische Bilder aus dem Besitz der Familie Schirrmacher sein gemütlich eingerichtetes Gästehaus. Doch was soll bald aus seinem Hof werden? Sein Sohn hat kein Interesse, und an die Familie der alten Eigentümer darf er gemäß polnischem Recht nicht verkaufen.

Nur die Kirche, der Friedhof und das ehemalige Forsthaus stehen noch in Orzechowo, dem einstigen Nusstal, dem Geburtsort der tiefgläubigen 91-jährigen Gertrud. ◁
Typische masurische Allee nahe Lelkowo. △

Ganz wenige Deutsche sind den widrigen Umständen zum Trotz über all die Jahrzehnte in Masuren geblieben. Zum Beispiel Tante Gertrud, deren Nichte ich auf einem meiner Vorträge kennenlernte. Als ihre Familie in den 1980er-Jahren als Spätaussiedler nach Westfalen zog, blieb einzig ihre inzwischen 91-jährige Tante Gertrud in ihrer alten Heimat. Die rüstige Dame heißt uns in Olsztynek (Hohenstein) willkommen. Seitdem ihr polnischer Mann vor 25 Jahren gestorben ist, lebt sie ganz allein in ihrer kleinen gepflegten Wohnung im Stadtzentrum. Gut, dass wir noch an den Blumenstrauß gedacht haben! Und schon sitzen wir bei Gertrud im Wohnzimmer unter einem großen Porträt von Papst Johannes Paul II., einem Bild der Jungfrau Maria und vielen Fotos der Verwandtschaft. Bei Kaffee und eigens für uns gebackenem Kuchen erzählt sie uns in zwei Stunden ihr ganzes Leben: wie sie sich als junges Mädchen 1945 vor den sowjetischen Soldaten bei Nachbarn im Wald versteckte, wie sie ein Jahr später durch Typhus bis auf die Knochen abmagerte und nur durch ihren festen Glauben an Gott überlebte, wie nach und nach alle Familienmitglieder nach Deutschland zogen.

Als Dankeschön für den netten Empfang erfüllen wir Tante Gertrud noch einen besonderen Wunsch: Sie möchte unbedingt wieder einmal an den Ort ihrer Kindheit, ins zwölf Kilometer entfernte Nußtal (Orzechowo). Kilometerlang schlängelt sich der sandige Forstweg durch den tiefen Wald, bis wir mit dem Bulli plötzlich auf einer Wiesenlichtung stehen. Vor uns ragt eine mächtige frisch renovierte Backsteinkirche in den Himmel, ansonsten steht nur noch ein sporadisch benutztes Forsthaus – Nußtal ist seit Jahrzehnten ein Geisterort. Wir laufen mit Gertrud über den alten deutschen Friedhof und betrachten die Gräber. Stille, kein Mensch im Umkreis von zehn Kilometern. »Ihr müsst mal an einem Sonntag hierherkommen«, meint sie, als wir uns kurz vor Sonnenuntergang auf den Rückweg machen. »Dann ist Gottesdienst und die Kirche bis auf den letzten Platz besetzt!«

Schönes Land mit trauriger Geschichte

Auf unserem Weg Richtung Baltikum möchte ich im östlichen Masuren unbedingt noch einen besonderen Ort besuchen. Nicht die Überreste des ehemaligen Führerbunkers Wolfsschanze, sie sind ein Rummelplatz für Sensationslüsterne und Ewiggestrige, sondern Schloss Steinort (Sztynort), das größte Gut Ostpreußens und über 500 Jahre lang Stammsitz der Familie Lehndorff. Der letzte Schlossherr, Heinrich Graf von Lehndorff, wurde für seine Beteiligung beim Attentat auf Hitler im Herbst 1944 hingerichtet, die Familie kam in Sippenhaft. Das Schloss verfiel Ende des 20. Jahrhunderts zusehends. Inzwischen haben Stiftungen viel Geld in die Rettung und Restaurierung des so geschichtsträchtigen Gebäudes investiert. Schon die Anfahrt auf Steinort durch die prächtigen Eichenalleen inmitten der Wald- und Seenlandschaft ist beeindruckend. Unterhalb des Schlosses liegen Segelschiffe in einer großen Marina, an der im Sommer reichlich Trubel herrscht. Wir suchen einen schöneren Platz und finden drei Kilometer dahinter an einer Landzunge einen kleinen charmanten Campingplatz direkt am See. Der Pächter begrüßt uns auf Deutsch mit pfälzischem Einschlag – kein Wunder, Darius arbeitet seit vielen Jahren im Innenausbau in der Region Mannheim! Abends hocken wir mit ihm und seiner Frau Alicia gemeinsam ums Lagerfeuer, über uns funkelt ein sternenklarer Himmel, ein erster Hauch des Nordens. Vor uns liegen noch einige Tausend Kilometer, durch das Baltikum, wenn möglich auch mit einem kleinen Abstecher ins russische St. Petersburg, und durch Finnland hoch zu meinen Rentierzüchterfreunden auf dem Dach Europas. Hoffentlich halten dabei die Glückwünsche von Gertrud an, die sie uns beim Abschied aus Olsztynek mit auf den Weg gab: »Der heilige Christophorus soll euch auf eurer Fahrt durch Europa begleiten!«

An der Steinort-Brücke (Most Sztynorcki) des gleichnamigen ehemaligen ostpreußischen Gutes der Familie von Lehndorff liegt ein idyllischer Campingplatz.

Etappe 9
Von Nida nach Narwa

Litauen – Lettland – Estland

Von der Bernsteinküste zur russischen Grenze

Einst lebte die schöne Riesin Neringa in der Region des Kurischen Haffs. Sie half den Fischern, sorgte für einen guten Fang und rettete in Seenot geratene Boote. Schließlich wollte sie den Burgherrn Naglis heiraten, doch das erzürnte den Wellengott Bangputys und er schickte riesige Sturmwellen über die Ostsee. Daraufhin sammelte Neringa blitzschnell Sand in ihrer großen Schürze und errichtete einen Schutzwall vor der Küste. So konnte sie ihre Hochzeit feiern und die Fischer können seitdem gefahrlos im Haff fischen – geschützt durch die Landzunge, die den Namen der schönen Riesin trägt: Neringa, die Nehrung.

Geologen erzählen eine profanere Geschichte: Nach der letzten Eiszeit entstand die 100 Kilometer lange schmale Landzunge der Kurischen Nehrung aus einer Inselkette von Endmoränenhügeln, an die der Westwind Sand zu riesigen Wanderdünen aufhäufte. Diese begruben im Lauf der Zeit ein Dutzend Siedlungen, bis es schließlich Ende des 19. Jahrhunderts dem Team eines preußischen Düneninspektors gelang, sie zu bepflanzen und zu stabilisieren. Doch dadurch entstand bald ein neues Problem: Die unter Naturschutz gestellten Dünen werden von unzähligen Menschen bestiegen und dadurch abgetragen. Mehr als zehn Meter hat die Große Wanderdüne in den letzten 20 Jahren verloren – die »Sahara der Ostsee« verschwindet allmählich.

Die russisch-orthodoxe Kirche im estnischen Vasknarva liegt am Fluss Narwa nur wenige Meter von der russischen Grenze entfernt.

Bulli »Erwin« will dieses Stückchen Wüste im Baltikum unbedingt kennenlernen, Monate sind seit unserem Wüstentrip durch die nordspanischen »Bardenas Reales« vergangen. Vom pulsierenden litauischen Hafen Klaipeda, dem ehemaligen Memel, bringt uns eine Autofähre hinüber auf den fast 100 Kilometer langen schmalen Landstreifen. Sofort empfängt uns eine verwunschene Welt aus Dünensand, Heidekraut, dichten Kiefern- und Laubwäldern, durch die vereinzelt noch Elche streifen. Nach einer guten Stunde Fahrt entlang der Landzunge kommen wir in Nida (Nidden) an. Wir sind baff: Hier sieht es aus wie auf der 1000 Kilometer westlich gelegenen Insel Amrum. Die Nehrung ist ein begehrtes Urlaubsziel für reiche Litauer – in den Sommermonaten erkennbar an der hohen Anzahl der schwarzen Edelkarossen.

Wir finden am Nordrand des Dorfes ein charmantes Gästehaus. Am nächsten Tag treffen wir die Besitzer des liebevoll gepflegten Anwesens im großen Garten: Gražina putzt die selber gepflückten Pilze aus dem nahen Wald, Alfredas streicht das Gartenhäuschen neu. Sie erzählen uns, wie schwierig es noch zu Sowjetzeiten in den 1980er-Jahren war, die alten Häuser instand zu halten. Es fehlte an Geld, es fehlte an Baumaterial, es fehlte an allem.

Mit der Unabhängigkeit Litauens 1990 kamen die ersten Deutschen, um nach fast einem halben Jahrhundert ihre alte Heimat wieder zu besuchen. Gražina nennt sie »Heimwehtouristen«. Als die Litauer merkten, dass die Rückkehrer ihnen nicht ihr Häuschen wegnehmen wollten und diese sahen, dass die Litauer ihren früheren Besitz und ihre alte Heimat pflegen, entstanden oft jahrzehntelange Freundschaften. Mit dem Westgeld konnten Gražina und Alfredas endlich das benötigte Baumaterial kaufen, konnten endlich alles renovieren, was über Jahrzehnte brachlag.

Ein Hauch von Sylt

Den ersten Touristenboom erlebte Nida bereits vor fast 100 Jahren: 1929 unternahm der Schriftsteller Thomas Mann nach einer Lesung in Königsberg einen Ausflug auf die Kurische Nehrung und war so begeistert von der südlichen Stimmung, dass er sich sogleich mit dem Geld aus seinem Literaturnobelpreis hoch über dem Dorf ein Sommerhaus im Stil der rotbraun und blau gestrichenen Fischerhäuser bauen ließ. Er liebte seinen »Italienblick« aufs Haff, schrieb an weiteren Romanen, aber nach drei Sommern verließ er mit seiner Familie die Nehrung, verließ auch Deutschland, weil die politische Situation durch die erstarkten Nazis immer unerträglicher wurde. Zwölf Jahre später im Frühjahr 1945 flohen fast alle Bewohner vor der heranrückenden Roten Armee.

Seit 1990 gehört Nida wie schon in der Zeit zwischen den beiden Weltkriegen wieder zu Litauen. Doch nur zwei Kilometer südlich liegt die streng bewachte Grenze zur russischen Oblast Kaliningrad, jenem seltsamen Relikt der Nachkriegszeit, und seiner Hauptstadt, dem ehemaligen Königsberg. Wir wollen weiter nach Norden Richtung Lettland. Auf der Fahrt durch die Nehrungswälder zurück zur Fähre nach Klaipeda gehen mir noch die alten Fotos durch den Kopf, die im ältesten Gästehaus von Gražina und Alfredas hängen: Schwarz-Weiß-Bilder aus dem Jahre 1938 von drei lachenden Kindern, von Heinz, Fritz und Karlchen an den Fischerbooten, beim Klettern in den Bäumen, glückliche Kindheit! Keiner von ihnen ahnte die nahende Katastrophe.

Sonnenaufgang über dem Kurischen Haff und der Großen Wanderdüne bei Nida (Nidden), Litauen △

Die Kurische Nehrung mit Dünenlandschaft nahe der russischen Grenze; Gražina und Alfredas vor ihrer Pension in Nida; Pilzverkäuferin an der Fernstraße Liepaja (Libau) ▷

ALMOST NEVER

Über stark frequentierte sechsspurige Ausfallstraßen gelangen wir in die Außenbezirke von Klaipeda mit wuchernden Industriegebieten, Leuchtreklamen und Shopping Malls. Eine Stunde später stehen wir dagegen im Nichts, irgendwo in der litauisch-lettischen Grenzregion. Über grobe Schotterpisten fahren wir durch monotones Wiesen- und Ackerland in Richtung der lettischen Hauptstadt Riga. Auf dem Land scheint die Zeit abseits der großen Routen stillzustehen. Ganz vereinzelt kommt uns ein in eine Staubfahne eingehüllter LKW entgegen. Ehemalige Kolchossiedlungen aus der Sowjetzeit rotten vor sich hin, Tristesse pur. Hier schlagen in heruntergekommenen Plattenbauten die Zurückgebliebenen die Zeit tot, mit Alkohol oder einem Joint: Zwischen Straßenrand und Nutzgärten entdecken wir eine mannshohe Marihuanapflanze.

Obwohl wir behutsam fahren, dringt immer mehr Staub ins Wageninnere. Nach Stunden stoßen wir auf die frequentierte Hauptachse von der Ostsee nach Riga – endlich wieder Asphalt! In den kleinen Dörfern stehen jetzt im Spätsommer die Babuschkas entlang der Straße und verkaufen eingelegte Gurken, Tomaten und Äpfel aus ihren Gärten, Steinpilze und Pfifferlinge aus den Wäldern, um ihre kümmerliche Rente etwas aufzubessern.

Die Skyline von Riga mit dem 369 Meter hohen Fernsehturm, der in der Stalin-Ära erbauten Akademie der Wissenschaften und der russisch-orthodoxen Geburtskathedrale

Riga wirkt dagegen wie ein komplett anderer Planet – nicht einfach eine expandierende Hafenstadt wie Klaipeda, sondern DIE baltische Metropole mit 800-jähriger Stadtgeschichte. Durch den Feierabendverkehr wurschteln wir uns zunächst ins Stadtzentrum hinein. Jenseits der großen Brücke über die Düna ragen die Kirchtürme der alten Hansestadt empor, aber die prachtvollen Jugendstilviertel im Nordosten beeindrucken uns noch viel mehr: ein Hauch von Wien, aber nicht so gelackt, sondern viel authentischer. Riga lebt, Riga pulsiert, ob beim Schnellschach zwischen Jugendlichen und Alten im Park oder abends in den unzähligen Kneipen, Cafés und Bars wie im Robert´s Books: vorne Buchhandlung mit kleiner schicker Bar, hinten eine Art Wohnzimmer, in dem ein furioses Jazztrio vor 30 begeisterten Zuschauern jammt – ausverkauft! Natürlich gibt es hier auch die angesagten Clubs für die Schönen und Reichen wie das Cloud 9, aber die energetische Frische ist in der Stadt und in den Begegnungen überall spürbar. So auch im Jugendstilcafé Rasols, wo die Kellnerin mir unverblümt von ihrer Erfahrung aus westlichen Metropolen und der dortigen Sattheit der Menschen erzählt.

Nach zwei Tagen Großstadtleben verlassen wir Riga gen Norden. Plötzlich steht vor einer Ampel neben uns ein knallroter VW Käfer mit lettischem Kennzeichen. Die beiden jungen Frauen hupen begeistert und winken uns oldtimer-solidarisch zu, gemeinsam halten wir am Seitenstreifen hinter einer Kreuzung. Liga und Ieva sind Schwestern, die dank ihrer Mutter Ligita zu Käfer-Fans wurden.

Riga hat viele Hotspots – das Restaurant Buberts im Szeneviertel am nördlichen Altstadtrand, der bei den Teenagern beliebte Wöhrmannsche Garten oder das Jugendstilcafé Rasols ◁

Spontanes Bulli-Käfer-Treffen in Sigulda 50 Kilometer nordöstlich von Riga △

Wir erfahren, dass Ligita als langjährige Präsidentin des Lettischen Käferclubs die traditionelle Oldtimer-Ausfahrt der lettischen Käfer- und Bulli-Fans im Sommer und das Jahrestreffen der VW-Oldtimerfans des gesamten Baltikums im Herbst mitorganisierte – 200 alte Käfer und 50 alte VW Bullis. Spontan schlagen die beiden vor, an diesem wunderschönen Septembertag gemeinsam zu ihrer Käfer-Freundin Solvita 50 Kilometer weiter nach Sigulda zu fahren – das liegt fast direkt an unserer Route nach Estland.

So gelangen wir in die »Lettische Schweiz«, eine liebliche Landschaft mit bis zu 200 Meter hohen Hügeln, alten Ordensritterruinen und gepflegten Dörfern. Fast alle Bewohner haben eigene Nutzgärten, hier ist Platz noch erschwinglich. Und noch etwas ist im Baltikum auffallend: Selbst in den Städten liegt fast nirgendwo Müll an den Straßenrändern. Der wunderschöne rosarote, mit Dutzenden aufgemalten Luftblasen geschmückte VW Käfer »Bubble«, den Solvita extra für das gemeinsame Gruppenfoto mit Bulli »Erwin« aus ihrer Garage fährt, drückt ebenfalls Liebe aus. »Wir erwarten euch auf eurer Rückfahrt in Riga in unserer Familienkneipe Pieci vilki, meinen die beiden Käfer-Schwestern zum Abschied. »Und was bedeutet Pieci vilki?«, frage ich nach. »Das ist unsere Familie, die fünf Wölfe. Vilks ist das lettische Wort für Wolf«, erklärt Ieva lachend. Riga ist einfach cool.

Richtung Estland wird es wieder einsam, Dutzende Kilometer geht es fast nur durch Wald. Da tauchen am Straßenrand Apfelbäume auf, voll behangen mit rotbackigen Äpfeln, für die wir kurz anhalten.

Tatjana lebt im einsamen Norden Lettlands nahe der estnischen Grenze. △

Am Nordufer des Peipus-Sees nahe Remniku in Estland; Rentner Igor verkauft seine selbst geernteten Produkte bei Räpina und Fischer Juri bietet seinen schmackhaften Räucherfisch an. ▷

BSA 568

In der Parkbucht prangt ein Info-Schild mit Fotos zum »Baltischen Weg«. Die Menschenkette aus mehr als einer Million Teilnehmern spannte sich im August 1989 rund 600 Kilometer von Tallinn über Riga nach Vilnius und verlief auch an dieser Stelle. Eindrucksvoll stellten damals die drei baltischen Völker mit dieser friedlichen Demonstration ihren Freiheitswillen unter Beweis – exakt 50 Jahre nach dem Hitler-Stalin-Pakt von 1939, der den sowjetischen Einmarsch in ihre Länder im Folgejahr besiegelte. In den hiesigen Wäldern leisteten danach noch jahrzehntelang »Waldbrüder« genannte baltische Partisanenverbände Widerstand gegen die Sowjetmacht. Zuvor allerdings waren die Wälder rund um Riga während der deutschen Besatzung Zeugen eines der dunkelsten Kapitel der Menschheitsgeschichte, des Massenmordes an über 30000 Juden durch SS-Verbände und deren lettischen Hilfskräfte im Herbst 1941.

Begegnungen im Grenzland

Die Grenze zu Estland nehmen wir kaum wahr, da sie zwischen einer Tankstelle und einem Supermarkt mitten durch die Kleinstadt Valga verläuft. Auf bestens ausgebauten, fast völlig leeren Landstraßen wenden wir uns nach Nordosten Richtung Peipussee, der auch die Grenze zu Russland bildet. Sieben Mal größer als der Bodensee, wirkt der flache fischreiche See mit seinen sandigen Ufern eher wie ein Meer, da wir die gegenüberliegende Küste überhaupt nicht mehr erkennen können. Die Leere im Osten Estlands birgt überraschende Momente: An einer Tankstelle im Nirgendwo wärmen wir uns mit einem Kaffee auf, als uns plötzlich ein T1-Bulli mit spanischem Kennzeichen entgegengetuckert! Paco und Lola sind ein gut gelauntes, irgendwie aus der Zeit gefallenes Hippie-Pärchen aus dem südspanischen Murcia. Außen hat der gelernte KFZ-Mechaniker die Farbe des gemeinsamen Schätzchens für den perfekten Vintage-Stil teilweise abgeschliffen, innen liebevoll Holzschränke mit Intarsien eingebaut und den Boden mit Teppich verkleidet. Über ein Vierteljahr waren die beiden durch Europa unterwegs, aber mussten ihre geplante Reiseroute schon mehrfach ändern – Norwegen und auch Russland ließen sie als Ungeimpfte nicht in ihr Land hinein.

Peter wuchs nahe der kasachischen Grenze auf, lebte 20 Jahre in Ostwestfalen und hat nun im Norden Estlands sein neues Zuhause gefunden. ◁
Kurz vor der russischen Grenze treffen wir Paco und Lola, ein Hippiepärchen aus dem spanischen Murcia, mit ihrem fantastischen T1-Bus. ▷

Noch mehr Wald, noch mehr Sumpf, je näher wir Russland kommen – hier beginnt die Taiga, die sich bis nach Sibirien erstreckt. Auf einer größeren Lichtung stehen knapp zwei Dutzend Holzhäuser. Auf dem frisch gestutzten Rasen eines Anwesens prangt auf einem Anhänger ein Aufkleber mit dem Wort »Müüä«. Google verrät mir, dass diese typisch estnische Ballung von Umlauten »Zu verkaufen« bedeutet. Auf dem Aufkleber verkündet zudem ein halb verblasster Halbsatz auf Deutsch: »Nur für den Feinschmecker«. Als ich die skurrile Entdeckung fotografieren möchte, kommt der Eigentümer aus dem Haus.

So lerne ich Peter Esau kennen. Geboren in Orenburg nahe der Grenze zu Kasachstan, kam er 1991 mit seiner Familie als russlanddeutscher Spätaussiedler nach Bielefeld-Sennestadt. Dort arbeitete er 20 Jahre im Tiefkühllager eines Großhandelsmarkts (»Nur Leute aus Sibirien haben die minus 30 Grad länger ausgehalten!«) und nebenher renovierte er Häuser und Wohnungen. Die Jahre vergingen, irgendwann waren die fünf Kinder aus dem Haus, die Ehe kaputt und er spürte, dass er nicht als Rentner in Ostwestfalen versauern wollte. »Deutschland war gut zum Geldverdienen, aber nicht zum Leben«, fasst er seine Zwischenstation zusammen. Von außen betrachtend verstehe ich sehr gut, was Peter über die Hektik in Deutschland äußert. Er erzählt uns, wie sie als Kinder Krebse im Ural-Fluss fingen, am Lagerfeuer zubereiteten und sich kleine Boote bauten. Leben ist für den Mann, der am Rand der mittelasiatischen Steppe aufwuchs, trotz aller Widrigkeiten des Sowjetsystems immer auch Freiheit und Nähe zur Natur gewesen.

Über Facebook lernte er schließlich die Weißrussin Anna in Estland kennen. Vor acht Jahren fuhr er einfach hin – und es funkte. Er beschloss zu bleiben, erwarb das Grundstück in dem kleinen Walddorf und baute das Haus nach seinen Wünschen um. Ab und zu düst er nonstop in das 2000 Kilometer entfernte Bielefeld, um seine Kinder zu besuchen. Aber meist ist ihm in Deutschland schon nach ein paar Tagen wieder alles zu hektisch und stressig. Als Peter auf seiner Wohnzimmercouch mit seinem Akkordeon aufspielt, fällt mein Blick auf die Fotos von seinen Großvätern, die sich beide in Stalins Straflagern zu Tode schuften mussten. Den Russen waren sie alle meist zu deutsch, den Deutschen sind sie meist zu russisch. »Lasst mal was von

euch hören, wenn ihr in St. Petersburg seid!«, ruft er uns zum Abschied noch nach. Wir wollen mit Bulli »Erwin« abends noch die letzten 100 Kilometer bis zur Grenzstadt Narwa fahren. Kurz davor erreichen wir die Ostsee bei Sillamäe. Der Ort war in der sowjetischen Ära eine »Verbotene Stadt«: Hier wurde Uran aufbereitet. Die enormen Umweltsünden von damals sind noch heute nicht völlig beseitigt, ein Giftsee wabert in der Peripherie. Die illuminierte Hauptachse zum Ostseeufer aus der Stalinzeit verdeckt die triste Realität. Dahinter bröckeln die Plattenbauten, in denen seit damals fast nur zugezogene russische Arbeiterfamilien leben. Hier im äußersten Nordosten sehen wir weiterhin alle Schilder auf Estnisch, hören aber auf der Straße nur noch Russisch – wir fühlen uns schon halb in Russland.

Am frühen Vormittag stehen wir bereits in der Wartespur vor der estnischen Grenzabfertigung in Narwa. Wir sind zunächst entspannt, haben wir doch alles Erforderliche für den Grenzübertritt dabei: das russische Visum, den Cov-Pass, einen aktuellen negativen PCR-Test sowie zwei offizielle Einladungen von russischer Seite aus St. Petersburg.

Drüben auf der russischen Seite winkt uns eine Grenzbeamtin nach Blick auf unsere Tests an der Vorkontrolle durch. Doch in der Autoschlange vor der eigentlichen Grenzstation kommt nach vier Stunden ein missgelaunter Apparatschik auf uns zu und erklärt uns, dass wir als Nichtrussen laut des Regierungserlasses 635-R nicht auf dem Landweg, sondern nur auf dem Luftweg einreisen dürfen. Zur Vermittlung schalten wir telefonisch unsere russische Kontaktfrau aus St. Petersburg ein, doch der Beamte ist unerbittlich, herrscht erst sie und dann uns mit eisiger Miene an – hier gibt´s keinen Bulli-Bonus. Ich fühle mich an die Kontrollen an der früheren innerdeutschen Grenze erinnert. Völlig frustriert kehren wir wieder nach Estland zurück. Zum Glück bietet uns Peter spontan an, erst einmal bei ihm zu bleiben und weitere Schritte von dort zu organisieren. Zwei Tage später starten wir noch einmal einen Versuch – tief unten im Südosten Estlands am zweiten, nur spärlich frequentierten Grenzübergang. Erst sieht es gut aus: Außer uns will keiner über die Grenze und die junge russische Grenztruppe ist durchaus bemüht, wie wir aus den diversen Telefonaten mit ihren Vorgesetzten schließen. Doch dann zeigen sie uns den Erlass der Putin-Administration und bedauern, uns nicht helfen zu können, da sie sonst nicht nur ihren Job verlieren. Früher bestach man in solchen Momenten die Beamten mit Schmiergeld in den Seiten des Personalausweises, heute ist die Überwachung an der Grenze perfektioniert.

Nur noch 100 Kilometer nach St. Petersburg!

Wir kehren nochmals zu Peter in sein Waldhaus zurück. Für eine zündende Idee heizt er mehrmals seine selbst gebaute Banja für ein typisch russisches Dampfbad auf. Bei 100 Grad Temperatur dringt alles Schlechte aus dem Körper, für Erleuchtung und Erlösung lassen wir uns sogar mit Birkenreisigbündeln von ihm auspeitschen! Durch das Bad, den entsprechenden Wodka-Konsum und Pilimini-Teigtaschen von Peters geliebter Anna gestärkt, entwickle ich einen weiteren Plan: »Erwin« geht per Spedition nach St. Petersburg und wir fliegen von Helsinki hinterher. Aber nach diversen Telefonaten und Mails verlangt der russische Spediteur auf einmal, dass ich bei der Verladung des Bullis auf estnischer Seite auch meinen originalen Fahrzeugschein abgeben müsste. Njet! Dann sehe ich »Erwin« niemals wieder!

Eine Woche lang versuche ich vergeblich, mit Tobi und Bulli »Erwin« zu meinen russischen Freunden zu gelangen. Nur 100 Kilometer fehlen! Ich telefoniere mit Mitarbeitern von Volkswagen in Moskau und St. Petersburg, mit den Botschaften in Tallinn und Riga, mit der Visaagentur in Berlin, mit russischen Spediteuren und mit meiner ehemaligen russischen Dolmetscherin Lena in St. Petersburg. Auch sie versucht zu helfen, wir haben uns vor 25 Jahren das letzte Mal gesehen, liefen in den wilden 1990er-Jahren wochenlang gemeinsam durch ihre Stadt, waren bei autonomen Künstlern in besetzten Häusern, in Mafiabetrieben und bei orthodoxen Priestern. Es hilft nichts, der Putin´sche Machtapparat will absolute Kontrolle. Mein Plan scheitert, mit dem Abstecher nach St. Petersburg auch Russland in meine große Europa-Tour einzubeziehen. Jetzt wäre der litauische Wellengott Bangputys gefragt, um mit einem Ostseesturm diese neuen Mauern, die die Menschen in Europa voneinander trennen, einfach aus dem Weg zu räumen …

In der zu Sowjetzeiten wegen der Rüstungsindustrie »geschlossenen« Stadt Sillamä im Osten Estlands ◁

Schon die Vorkontrolle ist bei der Einreise auf der russischen Seite streng; vergebliches Warten am russischen Zoll ▷

Der Fluss Narwa bildet die Grenze zwischen Estland und Russland. Links die Hermannsfeste des Deutschritterordens, rechts die Zarenfestung Iwangorod ▽▽

Etappe 10
Von Helsinki ans Nordkinn

Finnland – Norwegen

Wald, Wind und verdammt viele Rentiere

Wir sind mit »Erwin« am Polarkreis. 30 Stunden zuvor kamen wir mit der Fähre von Tallinn über die Ostsee in Helsinki an. Ursprünglich wollte ich das Teilstück durch die endlosen finnischen Wälder mit dem nächtlichen Autoreisezug überbrücken und es uns zur Abwechslung ein bisschen bequem machen. Die Strecke ist eintönig, aber vor allem ist im Herbst jede Menge Wild in den dortigen Wäldern unterwegs. Ein Aufprall mit 30 Stundenkilometern reicht, um die ganze Reise und die eigene Gesundheit zu ruinieren.

Der ausgefallene Abstecher nach St. Petersburg wirbelte den ganzen Zeitplan durcheinander: Fünf Tage hätten wir noch auf den bereits gebuchten Zug warten müssen. Doch als wir hörten, dass die *ruska*, die Herbstfärbung im hohen Norden, dieses Jahr so farbenprächtig leuchtet wie seit Langem nicht mehr, fuhren wir in einer nächtlichen Hauruckaktion einfach los, raus aus dem Hafen von Helsinki in die Septembernacht hinein – vor uns 1000 Kilometer Wegstrecke bis zum Polarkreis. Kurz vor Mitternacht erreichten wir das Ende der Autobahn, dann ging es fast nur noch auf Landstraßen Richtung Norden. Das Wild blieb in dieser Nacht in den Wäldern, dafür lauerten am Straßenrand Dutzende Starenkästen.

Nach einer Nacht und einem weiteren Tag ohne Schlaf kamen wir am frühen Abend in Kittilä an. Das Dorf liegt 150 Kilometer nördlich des Polarkreises und besteht aus einem zwei Kilometer langen Häuserstreifen beiderseits der Hauptstraße. Die ganze Kommune ist halb so groß wie Schleswig-Holstein, zählt aber nur 8000 Einwohner. Wie fast überall im hohen Norden ist die Tankstelle der zentrale Treffpunkt. Hier tauscht man Neuigkeiten aus, hier futtert man: Pizza, Hotdog, Burger und Pommes. Wir tanken mit Kaffee auf, draußen herrscht Nieselregen bei ein wenig über Null Grad.

Bulli »Erwin« hat die 1000 Kilometer lange Mammutstrecke durch Finnland trotz seines Alters souverän gemeistert, aber unsere Akkus sind total leer. Heute Nacht brauchen wir unbedingt ein bisschen Komfort. Über eine Stunde lang versuchen wir telefonisch ein Zimmer im Ort oder in der Nähe zu ergattern. Doch wir hören nur »Wir haben geschlossen!« oder »Wir sind bereits voll!« – oder es geht einfach niemand ans Telefon. Vor den angeblich ausgebuchten Unterkünften erblicken wir aber tatsächlich nur wenige Autos. Finnland ist das Land der 100 000 Seen, aber auch oft eine Service-Wüste.

Hinter dem Tankstellentresen steht ein tätowiertes junges Mädchen mit hochtoupierten lila Haaren. Es empfiehlt uns, einfach 20 Kilometer weiter zum Wintersportort Levi zu fahren, da gäbe es sicher noch Zimmer. Levi wirkt allerdings wie ein Fremdkörper in der lappländischen Wildnis, ein Hauch von Kitzbühel oder Aspen umweht das aus dem Boden gestampfte Luxus-Freizeitdorf. Menschen, die sich für wichtig halten, lassen sich übers Wochenende von Helsinki einfliegen. Man residiert im »Lost in Levi«, im »Levi Moonlight« oder im »Design Hotel«, shoppt ein bisschen in den Boutiquen und geht im Winter auf die Piste – 530 Meter ist der Hausberg hoch. Bloß weg hier!

Ohnehin war unsere Suche erfolglos und so fuhren wir die 20 Kilometer wieder zurück nach Kittilä. Im Café-Bereich der Tankstelle können wir sicher noch bis Mitternacht ein bisschen Wärme

In der Ruska, dem Herbst in Finnisch-Lappland, leuchten die Birken nach den ersten Nachtfrösten Ende September für wenige Tage, bevor der Winter die Oberhand bekommt.

aufsaugen, um danach im Bulli schnell in die Schlafsäcke zu kriechen. Wir sind keine zehn Minuten im Shop, überlegen sogar noch, trotz der nordisch-astronomischen Preise eine Pizza zu ordern, da weist uns das Tattoo-Girl darauf hin, dass der Laden gleich schließt. Es ist Freitagabend kurz vor 22 Uhr! Also mit leerem Magen und leerem Kopf raus in die Kälte. Wir stehen allein auf weiter Flur.

Plötzlich fährt ein leicht verbeulter Kleinwagen an die Zapfsäule heran, ein junger Mann steigt aus. Spontan spreche ich ihn auf unser Dilemma an. Er zählt zunächst ein paar Unterkünfte auf, die wir jedoch alle schon vergeblich abgeklappert haben. Dann wendet er sich zu der Person auf dem Beifahrersitz. Nach einem kurzen Gespräch kommt er wieder zu mir an die Zapfsäule und meint: »Wenn ihr möchtet, könnt ihr heute Nacht bei meiner Mutter übernachten. Sie heißt Helle. Fahrt uns einfach hinterher!« Nach wenigen hundert Metern gelangen wir auf einen Parkplatz vor ein paar Holzhäusern. Hier wohnt die Mutter, eine zierliche Frau mit wachen warmen Augen, in einer winzigen 1,5-Zimmer-Wohnung. Unsere Gastgeberin, die uns überhaupt nicht kennt, weist uns die ausziehbare Couch für unsere Schlafsäcke zu, während sie direkt dahinter ihr Bett bezieht. Welch ein Urvertrauen, welch großartige Geste! Bevor wir unser Glück realisieren, sind wir bereits eingeschlafen.

Auch beim Frühstück am nächsten Morgen fühlen wir uns wie zwei heimgekehrte Söhne bei Muttern zu Besuch: Wir haben selber genügend Proviant dabei, aber Helle besteht darauf, dass wir vor allem ihre Marmelade und die spezielle Rindswurst aus Estland probieren. Die große Flasche mit den selbst gesammelten eingezuckerten Preiselbeeren sollen wir für die Fahrt mitnehmen. Sie erzählt uns, dass sie in Estland aufwuchs und mit einem russischen Militär verheiratet war. Sie verließ ihn wegen seiner Alkoholsucht und ging mit ihren beiden Kindern wegen der besseren Arbeitsmöglichkeiten nach Finnland. Nach einigen Jahren in der Peripherie von Helsinki zog sie mit ihrem jüngeren Sohn nach Lappland. Sie schätzt die Ruhe und die Natur hier oben.

Der Sohn wohnt bei seiner Freundin und arbeitet in der nahen Goldmine, sie ist in der Sozialstation der Kommune gleich gegenüber angestellt. Beim Abschied am späten Vormittag entdecke ich zufällig in der Besenkammer eine liebevoll gehegte Marihuana-Pflanze unter einer Wärmelampe. »Mein Sohn ist oft etwas hyperaktiv, damit kommt er besser runter«, entschuldigt sich Helle fast für ihren speziellen Pflegedienst. Wer so geerdet ist wie sie, braucht keine Mittel zur Entspannung. Für ihre spontane Hilfsbereitschaft stecke ich ihr einen großen Schein als Dankeschön zu, den sie erst nach einigem Zureden annimmt.

Auf in die Wildnis!

Hinter dem aufgemotzten seelenlosen Wintersportort Levi biegen wir auf eine der einsamsten Strecken in Finnisch-Lappland ab. Die 200 Kilometer lange Nebenroute hoch zum Inari-See führt mitten hinein ins Abenteuer. Nach einer halben Stunde hört ohne Vorwarnung der Asphalt auf. Auf den nächsten 40 Kilometern gibt es keine Ortschaft. Der schlammigen, mit Schlaglöchern übersäten Schotterpiste zollen viele Tribut: Dutzende Radkappen liegen im sumpfigen Straßengraben und auch wir erbringen irgendwo im Nirgendwo unser rituelles Radkappenopfer, ohne es zu bemerken.

Mitten im schütteren Nadelwald taucht plötzlich ein Mini-Ort auf: Pokka – acht Einwohner, eine kleine Tankstelle, eine Bar und ein Minusrekord. Wir sind am kältesten Ort Finnlands, im Januar 1999 wurden hier unglaubliche minus 51,5 Grad gemessen! Der Winter dauert hier oben oft acht lange Monate, aber für diese Zeit gibt es die Bar Tieva, die durchaus an einen Western-Saloon erinnert. Sie gehört Kari und seiner Frau Helena. Kari, ein Mittsechziger mit grauem Pferdeschwanz, kam als junger Mann aus dem Süden nach Lappland, verliebte sich in die einheimische Helena und blieb. Die Bar haben die beiden gemeinsam vor 36 Jahren eröffnet. Im Gegensatz zu den meisten anderen Raststätten im hohen Norden besitzt sie Stil und bietet viele selbst gemachte Köstlichkeiten.

Im Hafen von Helsinki tanken wir für die lange Nachtfahrt durch Südfinnland auf. ◁
Nordfinnland ist ein Ort für Individualisten: Diese Tankstelle nördlich von Oulu gehört zu keinem Mineralölkonzern; morgens auf dem Truckerparkplatz bei Jyväskylä ▷

» Eine Reise von tausend Meilen beginnt mit dem ersten Schritt. «

Laotse

Finnisch für Fortgeschrittene: »Älä aja ladulla« heißt »Fahren Sie nicht auf der Piste!« △
Bulli »Erwin« Ende September auf einer der einsamsten Pisten Finnisch-Lapplands nahe Pokka ▷

So bereitet Helena Quiche und Rentiereintopf zu, Kari ist verantwortlich für Muffins, Donuts und *korvapusti* (Zimtschnecken) – so lecker, dass ich ihm zu Ehren spontan ein Gedicht für das Gästebuch der Bar verfasse:

»Kennst du nicht etwa Pokka / mich haut der Ort vom Hocker / acht Leute wohnen dort ganz locker / der eine sieht aus wie´n Rocker / doch Kari ist der Barmann / er macht so einiges klar, Mann / verantwortlich für leck´re Sachen / die kann er sogar selber machen / vor allem *korvapusti* / sag nicht dazu: »Dos wusst'i!«

Zum Abschied versuche ich Kari den Reim ins Englische zu übersetzen. Plötzlich schauen die beiden vor ihrem Kaffee ins Nichts starrenden Einheimischen auf. Da wird mir mein Fauxpas bewusst: Für finnische Verhältnisse quassele ich einfach zu viel! Die Konversation zwischen ihnen und Kari in der letzten halben Stunde bestand vor allem aus minutenlangen Pausen – exakt wie in den Filmen des finnischen Regisseurs Aki Kaurismäki. Wenn allerdings die Einheimischen ab und zu einige Sätze auf Finnisch wechseln, habe ich das Gefühl, man könne die Wörter in dieser für mich so exotischen Sprache genauso rückwärts sprechen – es würde keinen Unterschied machen.

Ansonsten erinnert vieles an Alaska oder Nordkanada: die kerzengeraden Schotterpisten durch menschenleeres Terrain, durch Hochmoore und lichten Wald, die Goldsucher, die Blockhütten mit den Schneescootern, die auf den nächsten Winter warten. Bären gib es in Finnisch-Lappland auch, aber viel kleiner und viel seltener. Dafür beginnt ab hier das Gebiet der samischen Rentierhalter. Anders als die riesigen Herden wild lebender Karibus in der nordamerikanischen Arktis gehören hier fast alle Rentiere bestimmten Familienverbänden der Sami, der indigenen Bevölkerung Nordskandinaviens. Nur 15 Prozent der gut 100 000 Sami leben heute noch von der Rentierhaltung, aber sie gelten als der kulturelle Kern der kleinen Nation. Die allermeisten von ihnen leben in der nordnorwegischen Provinz Finnmark. Dort lernte ich im Herbst 1993 die Rentierhalter aus dem Tana-Tal auf der Nordkinn-Halbinsel kennen, ihrer Sommerweide in der kargen Tundra zwischen den nördlichsten Fjorden Europas. Im folgenden Frühjahr durfte ich die Halbnomaden sogar beim Auftrieb zur Halbinsel durch Schnee und Eis begleiten. Seit Generationen folgen die Sami den Tieren auf ihren uralten Wanderrouten.

Auf der Zielgeraden

Im Vorfeld der großen Bulli-Tour versuchte ich, die alten Kontakte auf dem Dach Europas nach über einem Vierteljahrhundert wieder aufzufrischen. In den 1990er-Jahren gab es weder Internet, E-Mail noch Mobiltelefon, doch nun erreichte ich nach vielen Anläufen über Facebook Einar, mit dem ich mich beim ersten Mal angefreundet hatte. 1994 frischgebackener Familienvater und einer der jüngsten Rentierhalter, arbeitet er mittlerweile seit einigen Jahren als Autoverkäufer in der Stadt Alta, die beiden Töchter sind längst erwachsen.

Einar steht nur noch in losem Kontakt zu seiner früheren Siida, seiner Rentierzüchter-Gemeinschaft. Er lud mich jedoch ein, ihn und seinen alten Kumpel Håkan in ihrem Jagdcamp kurz hinter der finnisch-norwegischen Grenze zu besuchen. Jedes Jahr Ende September treffen sich die beiden mit Freunden zur Elchjagd im waldreichen oberen Tana-Tal, der Winterweide der Rentiere. Für uns liegt ein Besuch bei den Jägern auf unserer Route Richtung Nordkinn-Halbinsel.

Preiselbeerernte am Inari-See in Finnisch-Lappland △
Kaffeepause an einem verlassenen Holzhaus bei Jääjärvi, Finnisch-Lappland. Die nahe Straße von Inari zum Grenzübergang nach Norwegen wurde erst 1971 fertiggestellt. ▷

» *Zu reisen ist zu leben.* «

Hans Christian Andersen

Gastgeschenke im hohen Norden: Sigve überreicht uns Königskrabben und Stockfisch und er freut sich über ein Bulli-Erwin-T-Shirt! △
Der winzige Fischerhafen Skjånes liegt gut geschützt auf der Südseite der norwegischen Nordkinn-Halbinsel. ◁

Hier oben ist unser Karma offenbar besser als an der estnisch-russischen Grenze: Wir kommen nach einer wunderbaren Fahrt durch die leuchtende Taigalandschaft fast im selben Moment im Camp an wie Einar aus dem 300 Kilometer entfernten Alta. Bulli »Erwin« ist natürlich erst einmal die Attraktion, später sitzen wir in Håkans Lavvu zusammen. In diesem typischen Stangenzelt der Sami verbringen wir in der Wärme eines bullernden Ofens die halbe Nacht mit verrückten Storys aus den letzten knapp 30 Jahren unseres Lebens. Das extra für unser Wiedersehen mitgebrachte Starkbier aus Tobis oberbayerischer Heimat wird zunächst wie ein Rohdiamant ehrfürchtig bestaunt.

So entsteht eine feuchtfröhliche Männerrunde, in der wir auf ihr Jagdglück prosten und Einar zu später Stunde einen Joik improvisiert. Diese traditionellen Gesänge der Sami handeln normalerweise von Erlebnissen in der Natur, doch gut gelaunt joikt Einar Bulli »Erwin«. Als ich ihn am nächsten Tag noch einmal auf seine mitternächtliche Dichtkunst anspreche, bekommt er seinen witzigen Bulli-Joik nicht mehr zusammen – sein Kopf ist wieder klar.

Wir müssen weiter, da laut Einars Informanten inzwischen fast alle Rentiere oben auf der Nordkinn-Halbinsel am großen Korral zusammengetrieben wurden. An der Mündung des Tana-Flusses stoßen wir auf die norwegische Eismeerküste.

Wir sind nun verdammt weit oben im Norden, aber auch weit im Osten – auf dem gleichen Längengrad wie Istanbul. Ab hier wird die Fahrt entlang der alten Europastraße 6 zu einem großen Naturspektakel: Unten in den verwinkelten Fjordenden leuchtet der

Schranke für winterlichen Konvoiverkehr auf der Nordkinn-Halbinsel △

Ante-Niilas mit seinem Sohn im Rentierpferch. 27 Jahre zuvor war er dort selber der kleine Junge, der seinem Vater beim Markieren der Tiere half; Ante-Niilas schneidet Birkenreisig für das Räuchern des Rentierfleisches zurecht. ▷

üppige Birkenwald, oben im baumlosen Fjäll erstrecken sich fast asiatisch anmutende Hochflächen bis zum Horizont. Dazu treibt ein eiskalter Nordwestwind die Herbstfarben aus der Natur, der Winter steht bereits vor der Tür.

Schließlich biegen wir am Laksefjord nach Norden ab. Erst 1989 wurde die schmale Stichstraße auf die exponierte Nordkinn-Halbinsel fertiggestellt. Zuvor gelangte man nur per Schiff zu den entlegenen Fischerorten Kjöllefjord, Mehamn und Gamvik. Doch selbst jetzt ist eine Tour dorthin abenteuerlich: Zweimal windet sich die Route von der Fjordküste zum Felsplateau hinauf. Vor den Steigungen stehen Schlagbäume und Info-Schilder mit dem Fahrplan für die Auto-Konvois im Winter. Die Hochfläche in der kalten Jahreszeit mit ihren häufigen Schneestürmen alleine zu durchqueren, ist nur etwas für Lebensmüde. Noch liegt kein Schnee in der Luft, aber die Windböen hämmern mit einer solchen Wucht gegen den Bulli, dass wir uns oft mit kaum mehr als Schrittgeschwindigkeit vorwärtstasten.

Am späten Nachmittag lässt der Sturm nach. Wir erreichen den Korral, der neben der Straße mitten in der Tundralandschaft steht. Noch ist er leer, aber die beiden Sami, die gerade einen Trailer davor abstellen, meinen, dass morgen die ersten Herden zum Aussortieren und Markieren hineingetrieben würden. Ob wir die Erlaubnis erhalten, dabei zu sein?

Wiedersehen nach 27 Jahren

Zehn Kilometer hinter dem Korral liegt das Hüttencamp der Rentierhalter. Wir fragen nach Ellinor, mit der Einar gesprochen hatte und an die ich mich noch aus den 1990er-Jahren erinnere. Alle 13 Familien aus ihrer Siida, ihrer Züchter-Gemeinschaft, müssen damit einverstanden sein. Nur ein einziges Nein reicht aus und wir haben den ganzen Weg hier hoch an den nördlichsten Punkt Festlandeuropas umsonst gemacht. Aber ich habe einen Joker dabei: meinen alten Bildband von 1994, in dem ich ausführlich all die großartigen Erlebnisse von damals in Fotos und Texten dokumentiert habe. Ellinor fotografiert ein paar Buchseiten ab und postet sie in die Facebook-Gruppe. Peter Gebhard ist wieder da – nach 27 Jahren! Und tatsächlich erinnern sich noch Lars Mathis, der frühere Chef der Gruppe, und einige andere an mich! Nancy, die Sami-Abgeordnete im Osloer Parlament, entdeckt in meinem Buch ein besonderes Porträt ihres mittlerweile verstorbenen Vaters bei der Arbeit im Korral.

So geht schließlich der Daumen hoch – wir dürfen die nächsten Tage beim großen Spektakel dabei sein! Schon mit dem ersten Tageslicht treibt eine Handvoll Männer mit ihren Quads die ersten paar hundert Rentiere von der Außenweide zum zentralen Pferch.

Aber wie kann man 9000 Rentiere auseinanderhalten? Die im Frühjahr geborenen, noch unmarkierten Renkälber und die Muttertiere bekommen im Pferch Nummernschilder um den Hals gehängt. Die Besitzer der Muttertiere erkennen die Männer anhand der Ohrmarkierungen: »27 – Magne, 112 – John Trygve, 93 – Ailo, 31 – Lars Mathis«, schallt es dem Schreiber aus dem Korral zu. Wie ein Punktrichter hockt er auf einem Podest hinter dem Gatter. Danach werden die Tiere auf eine getrennte Außenkoppel getrieben, wo sich die Kälber zu ihren Müttern gesellen. Durch die Ohrmarkierung der Muttertiere lassen sich auch die Jungtiere ihren jeweiligen Besitzern zuordnen. So können die Sami beim zweiten Durchgang im Korral ihre neu hinzugekommenen jungen Rentiere herausfinden und markieren. Aber frage niemals einen Sami, wie viele Rentiere er besitzt! Das wäre genauso, als würde man nach seinem Kontostand fragen.

Ellinor und ihr Mann Ailo engagieren sich seit Jahrzehnten für die Bewahrung der samischen Kultur. Sie gibt Workshops zu Sami-Handwerkskunst, hält Vorträge und versucht die Traditionen den nächsten Generationen zu vermitteln. Die Balance zwischen Hightech und den alten Bräuchen ist schwierig zu halten, von den Rentieren allein kann niemand leben.

Doch es gibt ein neues Selbstbewusstsein, die Kinder lernen Sami in der Schule und sprechen es auch untereinander. Das Alta-Staudammprojekt Ende der 1970er-Jahre konnten die Sami nicht verhindern, aber es förderte die Solidarität und das Bewusstsein für ihre Rechte.

Ende September treiben die Rentierzüchter aus Tana ihre Tiere auf dem öden Plateau der Nordkinn-Halbinsel zusammen, um die Jungtiere zu markieren. △

Nils-Arvid hält Ausschau nach seinen Tieren in einem der äußeren großen Korrals. ▷

205
14
236

Nun kommen neue Herausforderungen: Ellinor und Nancy erzählen von dem vergifteten Angebot von Energiekonzernen, die ihnen Landrechte für einen gigantischen Windpark auf der Halbinsel abkaufen wollten. Das wäre nicht nur ein weiterer brachialer Eingriff in die Landschaft, sondern hätte auch die alten Wanderrouten der Rentiere massiv gefährdet.

Im Strom der Zeit

Der fragile Kreislauf des Lebens wäre hier oben im Norden zerstört, ein Kreislauf, der mir durch meine Rückkehr nach so vielen Jahren überall bewusst wird: Im Herbst 1993 fotografierte ich Ellinors und Ailos älteren Sohn Ante-Niilas. Aus dem forschen kleinen Jungen, der seinem Papa beim Markieren der Rentiere half, ist ein kräftiger Mann und Vater geworden, dessen Sohn wiederum genauso aussieht wie Ante-Niilas in seiner Kindheit. Und nun wird der Steppke von damals der neue Chef der ganzen Gruppe. Die Generationen der Menschen kommen und versinken wie Wellen im Meer, die Rentiere ziehen im Frühjahr an die Küste und im Spätjahr wieder ins Inland – ein ewiger Kreislauf, den auch die acht verschiedenen Jahreszeiten der Sami und die Rentierwanderungen widerspiegeln: der Winter steht für Pflege, der Spätwinter für Erwachen, der Frühling für Rückkehr, der Frühsommer für Wachstum, der Sommer für Nachdenken, der Spätsommer für Ernte, der Herbst für Antriebskraft und der Frühwinter für Wanderung. Im Kosmos der Sami vergeht die Zeit nicht, sie kommt ohne Unterlass!

Am Abend fahren alle Familien die zehn Kilometer zu ihren Camphütten zurück. Dank Ellinor und ihrer Familie dürfen wir am Korral in ihrer Lavvu auf Rentierfellen übernachten. Als wir nach dem Abendessen herausschauen, tanzen die Polarlichter wild am sternenklaren Himmel. Minutenlang wagen wir nicht zu sprechen, um die wunderbare Magie dieses Momentes nicht zu zerstören. Einen Steinwurf vom Tipi entfernt steht »Erwin« wie ein treuer Wächter, der uns bis zum Schlussakkord unserer großen Reise beschützen möchte.

Die Familie von Ellinor und Ailo in ihrem Lavvu, in dem auch das Fleisch geräuchert wird; die Kinder der Rentierzüchterfamilien sind im Herbst immer am Pferch dabei; im Gespräch mit Lars Mathis in seinem Sami-Zelt ◁

Pause am Rentierpferch für Bulli »Erwin« nach 25 000 Kilometern, für die beiden Rentierzüchter nach einem langen Arbeitstag ▷

Von Jung bis Alt sind alle Sami aus dem Verband beim Markieren der Jungtiere im Pferch beschäftigt. ▽▽

Glück im Pech

Pannen mit dem Bulli

Wenn ständig alles vorhanden und bequem ist, entsteht keine Wertschätzung. Um Tausende von Kilometern mit einem Oldtimer wie »Erwin« zu fahren, benötigt man höchste Konzentration und einen enormen Kraftaufwand, aber dafür flog uns überall in Europa Sympathie zu. Unterwegs kam uns das auch bei den vielen kleinen und großen Malaisen mit meinem alten VW Bulli zugute: Im ersten Moment war jede Oldtimer-Panne ein großes Ärgernis und Hindernis, doch ganz oft entstanden daraus ganz tolle Begegnungen und wunderbare Geschichten mit hilfsbereiten Menschen.

Nordkinn
NORWEGEN
Europäisches Nordmeer
NÖRDLICHER POLARKREIS
N
0
400 km
Inari
Kittilä
Oulu
SCHWEDEN
FINNLAND
Jyväskylä
Helsinki
Tallinn
Narwa
ESTLAND
RUSSLAND
Riga
LETTLAND
LITAUEN
Ostsee
Nordsee
Kaunas
Usedom
Danzig
DEUTSCHLAND
Quedlinburg
Berlin
POLEN
Würzburg
FRANKREICH
Lindau
SCHWEIZ
ÖSTERREICH
Mailand
Seborga
La Coruña
Gijón
Porto
Burgos
Lourdes
Montpellier
St. Tropez
PORTUGAL
Monsanto
ANDORRA
ITALIEN
Lissabon
SPANIEN
Sagres
Mittelmeer
① Aljezur: Benzinfilter verstopft
② Olveira: defektes Flügeltürschloss
③ Duilhac: Kupplungsseil lose
④ Colle della Boaria: Anlasser defekt
⑤ Linthal: Schaltgetriebe beschädigt
⑥ Lindau: Zündung defekt
⑦ Laupheim: Benzinfilter verstopft
⑧ Rothenburg o.d. Tauber: Zündverteiler verschmutzt
⑨ Burgpreppach: Zündverteiler defekt
⑩ Sztynort: Kupplungsseil lose
⑪ Klaipeda: Kupplungsseil zu wenig Spannung
⑫ Ilsaku: Spannungsregler defekt
⑬ Rovaniemi: Benzinfilter verstopft
⑭ Pokka: Radkappe verloren
⑮ Varangerbotn: Beinahe-Unfall mit Elch

Dank

Ohne die besondere Gastfreundschaft, Hilfsbereitschaft und das Engagement vieler Menschen wäre dieses Buch nicht entstanden. Ein herzliches Dankeschön an meinen Assistenten Tobias Werner – in all den Monaten waren wir unglaubliche 25 000 Kilometer mit meinem T1-Bulli »Erwin« unterwegs – und vor Ort besonders an Barbara & Edwin Ammann, Gražina & Alfredas Armaliai, Gudrun & Richard Arndt-Landbeck, Giorgio Bliortu, Antonio Fernandez Carro Etchepare, Ivan Breijo Fraga, Mauro Carassale, Mauro & Elena di Bari, City Motors Gdansk, Jonas Feth, Nina Dobler-Menegatto, Feliks Drobiza, Aladar Duck, Peter Esau, Gianni Fiore, Eraldo & Francesca Folco, Piotr Galan, Arturo Giovanoli, Ellinor Guttorm Utsi & Familie, Hannes & Sandra Hefti-Fischbacher, Gaby & Dieter Herbrecht, Eligius Ilewicz, Benno Iten, Thomas Käferlein, Gertrud Kijanski, Dieter Krüger, Tolga Kurtulus, Sigve Larsen, Kari Lehtinen, Helle Lepp, Lisbeth Marti, Einar Måsø, Andoni Miqueleiz, Ana Moradiellos Barreiro, Dariusz Ostrowski, Antonio Pacheco Landero, Paco & Lola, Ivette Pfeiffer, Raphaël, Ariane Reipke, Daniel David Rodriguez Garcia, Modesto Jesús Rodriguez Garcia, Ana Paula & José Santos, Vítor Santos, Carsten & Heike Schiedrum, Maria Schneider, Krzysztof Sikorski, Marlene & Josef Sohler, Arunas Stepulis, Stéphane Tiffou, Ricardo Vieira, Ieva & Liga Vilks, Achim Wille, Raquel Wise, Ralf Wohlmacher und viele mehr.

Last not least bedanke ich mich in Deutschland bei meinem Kooperationspartner Volkswagen Nutzfahrzeuge, meinem Bulli-Spezialisten Grenz Automobile vor Ort in Ostwestfalen und natürlich bei meiner Familie, deren Rückhalt mir in jener coronabedingt besonders schwierigen Produktionszeit ganz viel Kraft gegeben hat.

Magischer Norden: Über dem Rentierpferch, dem Sami-Zelt und Bulli »Erwin« tanzen die Polarlichter – welch eine Belohnung des Himmels am Ende unserer über 25 000 Kilometer langen Strecke durch Europa!

Traumhafte Herbststimmung am Juutuanjoki westlich des Inari-Sees in Nordfinnland ▽▽